魂のゆがみを整え「本来の自分」に!

天命に沿う自分の人生を生きる 3つのエレメント

有馬千歳 著

セルバ出版

はじめに

軽やかな魂の光を解き放つあなたへ

私が本書を書くことができたのは、小学生の子どもがいながらも、人生を終わりにしようとした2度目の自害未遂のとき、すべての思いを宇宙に投げかけた直後に、ある1人の審神者（さにわ）を見つけ、創造主（アメノミナカヌシ）のもとに導かれたおかげです。

それまで33年間、人生を実験台に自己探求をして、ヒーリングやチャネリング、リーディング、宇宙の法則、引き寄せの法則、潜在意識の書き換え、インナーチャイルド、ヒプノセラピー、内観／内省、人生哲学、脳科学心理学、量子力学、陰陽論など、あらゆることをやっても、「そのときはよくなるけど、また元の状態に戻る」を繰り返し続けていたのです。

もうどうしたらよいのかわからなくなっていました。まるで、出口のない長いトンネルの中で生きている感覚です。

魂のゆがみが33年間の生きづらさを終わらせた鍵

その状態から魂の統合が起こり、「魂のゆがみ」を修復した瞬間から、深い魂の傷から我が子に触れると全身に悪寒が走る症状も消え、愛情をもって抱きしめることができたのです。

さらには、何十年と険悪な仲だった母親とも、自然体で話せるようにもなり、あるがままの自分で軽やかに生きられるように変容したのです。しかも、前の状態には戻らないどころか、どんどん新しい自分に生まれ変わっていきました。

この実体験を通して、ハッキリとわかったことがあります。これまで私が何をやってきても、生きづらさを終わらせることができなかった、根本原因です。

それは、「問題の表面部分だけをどうにかしようとして、その奥にある『核』の部分に対し何もしてなかった」ということです。

だから、そのときはよくなったと感じるものの、しばらくすると、元の状態に戻ることを繰り返していたのです。

本来の自分は魂が望むこと

宇宙の采配により導かれた先で、創造主（アメノミナカヌシ）のもとに集う、世界中の名だたる神々、女神、仏様、大天使、アセンデッドマスター（人々をよりよい方向へ導く高次元の魂）、龍…など、あらゆる聖なる存在たちから、たくさんの叡知を学びました。

その状態から、宇宙の法則や見えない別次元の世界や次元間のしくみ、この世界の真実、人間の取扱説明書、私たち本来の生き方、潜在意識・超越意識などの、さまざまな魂の学びを実践していきながら、自然と「自分（私）」という存在を確立していきました。

しかも、毎日がこれまでと違いとても軽くて、全体を見渡せる感覚なのです。その状態で過ごす日常を通して、確信したことがあります。

「こんなにも軽い状態が、本来の私なのかもしれない」

「すべての人の魂が望んでいることで、誰でもそうなれるように、この宇宙はできている」

「ただ、その方法を皆が知らないだけ」

あなたの魂は、あなたが我慢したり、苦しんだり、辛い思いをするためだけに、この3次元地球を選んできているのではないということです。

今は辛かったとしても、その状態から、たくさんの体験や感情を通して、魂本来の自分になることを望んでいるのです。

そして、あなたが純粋な喜び溢れる幸せを感じ、その幸せがあなたから他の人と分かち合い、世界へと循環することを望んでいるのです。

もしあなたが、いろいろなことをさんざんやってきたのに、生きづらさを感じて、自分らしさを出せないでいるのなら、これから本来の自分になれるということです！

「何をやっても変わらないから…」と諦める必要はありません。

本書を手にしているということは、宇宙からのメッセージをキャッチして、まだ見ぬ本来の自分に出会うまでの道を見つけた、ということです。

これからあなたは、どんどん軽やかな自分を取り戻す歓びを感じられるようになるでしょう。

一般的な方法では途中止まり

ヒーリング、チャネリング、リーディング、潜在意識書き換え、インナーチャイルドセラピー、感情の解放、ヒプノセラピー、統合ワーク、脳科学心理学、量子力学、自己啓発、人生哲学、星読み、占いなどは、とても素晴らしいものです。私自身、これらすべて活用しており、ヒーリング歴は20年以上です。しかし、いずれにしても、残念ながら魂のゆがみを修復する手前で止まってしまうのです。

なぜなら、それぞれの方法で「その先がある」ということを、専門家も含めた多くの人が知らないからです。その先のことを知らないので、問題の表層部分で止まってしまい、問題の「核」までたどり着けていないのです。

この世界は実はシンプル

一般的なやり方のその先には、核となる種が残ったままになり、モヤモヤしたり、また似たようなことを繰り返すことが起こってしまうのです。統合も表面的な統合しかできていないから、同じようなことが起こるのです。

このように言うと、魂のゆがみの修復は、難しいと思う人もいるかも知れませんが、実はシンプルです。

この世界も宇宙も、とてもシンプルなのです。難しくしているのは、私たち人間なのです。もう今の時代は、私が33年間、紆余曲折してきた遠回りの道を歩まなくていいのです。そして、やはり同じような遠回りをしていただきたくない想いが強くあります。ですから、あなたには最短ルートで、元に戻らない本来の自分を楽しむ人生に変革していただきたいのです。しかもその作業は、ツライ、苦しいという思いをしない道です。

波動を軽く、楽しみながら！

インナーチャイルドや内観を体験してきた人から、よく聞く言葉があります。それは「嫌な過去の自分と向き合いたくない」「もう辛い思いはしたくない」という言葉です。「心から変わりたい！」そう願っている人でも、そう言うのです。

世の中には、「過去とは向き合わなくていい」と言っているところもありますが、宇宙のしくみや魂の視点、次元上昇の観点から見ても、本来の自分になるためには、これまでたくさん体験してきた過去の自分と向き合うことは、欠かせないことになります。ですから、「向き合いたくない」と言う時点で、理想の状態である本来の自分になる道から逸れて、現状が続くことになってしまうのです。

ではなぜそう思ってしまうのか？

それは、インナーチャイルドは「かわいそう」「悲しい」「つらい体験をした子」というネガティブな印象を持つ人がとても多いからです。だから、「向き合いたくない」と思ってしまう。

これでは、元も子もありません。

そうではなく、波動を軽く、楽しみながらインナーチャイルドの先、真の統合をして、まだ見ぬ本来の自分にどんどんなっていける新時代の『魂メソッド』をお伝えします。

魂を思い出すワクワクする旅

魂本来の自分を取り戻す旅は、魂を思い出していく旅です。それはもちろん、大宇宙や見えないエネルギー世界のことにも触れていきます。あなたは目に見える身体だけの存在ではなく、宇宙と深くつながっていて、望んだことは何でも叶えられる力を持っている創造的な存在です。

そうは言っても、私たちには、これまで自分自身を小さく見積もってくる癖が身についてしまっているので、低い自己肯定感や「私は〇〇だ」というセルフイメージから、最初は受け入れられないかもしれません。

でも大丈夫です。あなたの魂はちゃんと覚えています。3次元世界に生まれたときに忘れてくる記憶も、すべて魂は覚えているのです。本書を読みながら、フッとした瞬間や何かしらの小さなキッカケから、少しずつ思い出していくでしょう。

あなたは今、地球に住んでいますが、同時に宇宙に住んでいます。これまで忘れていたことを、どんどん思い出していくためにも、時空を超えるポータル（出入口）や人生と波動を決めているシステムなども公開して、ワクワクするような旅ができるようにしています。

幸せ・自由・豊かになることは「生得の権利」

何をやっても変わらない、よくなったと思ったらまた元に戻る、そんな状態が繰り返し続けば、

「いつになったら私は幸せになれるのかな」

「もしかしたら幸せになれないのかも」

と思うこともあるかもしれません。

ですけど、本来は喜び幸せを感じ、自由に表現し、心も経済も豊かになることは、私たちの「生得の権利」なのです。我慢や制限だらけの枠の中で生きるのではなく、心から喜びと幸せを感じ、自分の想いを自由に表現し、心も経済も豊かなのが私たちであり、そうなる権利があるのですね。

ですので、もうあなたは幸せになっていいんです。

これまでの分も含めて思う存分、喜び・安らぎ・幸せ・自由・豊かさを感じてください。

その権利が、あなたにはあるのですから。

思い出してください。

あなたの魂は何の制限もなく、自由で愛溢れる、眩い光を放つ魂です。

あなたは自分自身を解放して、魂の光を解き放っていける存在なのです。

２０２４年２月

有馬　千歳

魂のゆがみを整え「本来の自分」に！
~天命に沿う自分の人生を生きる3つのエレメント~　目次

第2章　魂のゆがみを整える3つのエレメント

第3章　宇宙の叡知を知ることで生きる指針を手に入れる

第4章 インナーチャイルドの先を行く「魂の統合」

第5章　ライトボディ覚醒で高波動体質

第6章　豊かな本来の自分を顕現する

第7章　3つのエレメントを手に入れることで得られる未来

第1章　魂のゆがみで多くの人が抱える悩みとストレス

1 「魂はゆがむ」って本当？

いろいろ取り組んでも、よくなっては元に戻る根本原因

本来の私たちは、軽やかなあるがままの自分で、何の制限もなくのびやかに人生を創っていけるパワーを持っています。しかし、多くの人が何かしらの生きづらさを抱えて、本来の自分を生きられていません。

自分のため、あるいは家族や誰かのために、生きづらさを解消しようと、いろいろな方法に取り組んだにもかかわらず解消できずに、悩み続けてしまう。そのときはよくなるけど、しばらくすると元の状態に戻るストレスを抱え、負のスパイラルに入り込み、「もう、どうしたらいいのかわからない」状態になってしまう。

これは全部、過去の私です。

ではなぜ、いろいろ取り組んでも生きづらさを解消できずに、悩みストレスの負のスパイラルに入ってしまうのでしょうか？　それは、生きづらさの根本原因に辿り着いていないからです。

その根本原因が、「魂のゆがみ」なのです。

生きづらさを感じる場面は、感情を抑えたり、自分らしさを失いがちです。それは、魂のゆがみの影響であなたの魂が思うように表現できない部分を示しています。

宇宙から次元降下してきた魂

「魂がゆがむ、なんて本当にあるの？」

そう思うかもしれません。

そもそも、私たちの魂はエネルギーでできています。

宇宙から次元降下して、地球を選んで来るわけですが、オギャーッと生まれてきた瞬間の魂は、光り輝くまん丸な調和のとれたエネルギー状態です。とてもパワフルで、無限の可能性と希望の光にあふれ、全力で自分を表現することができます。何の制限もないので、心のままに自分を表現します。その状態から、私たちは大人になるまでに、たくさんの体験をしていきます。

魂を重くゆがませる不調和なエネルギー

言葉を覚え、時間があることを知り、手足の使い方を習得し、ルールや信念体系なども教えられ学んでいきます。それは、環境の数だけ体験してくるのですが、同時に、感情も体験します。

例えば、両親や兄弟など身内で、見聞きし体験したとき、学校で教えられ体験したとき。あるいは、友人知人との間や職場内でやりとりしたとき。テレビやインターネットを見たとき。このように、あらゆる環境の中で、たくさんのネガティブ・ポジティブの感情を感じて来ます。その数は、数えきれないほどです。

実はそのネガティブな感情を感じたとき、本来の調和のとれたエネルギー状態から不調和なエネルギーに変化して分離していくのです。例えるなら、水と油です。調和のエネルギーが「水」だとしたら、不調和なエネルギーが「油」に変化して分離する感覚です。この不調和なエネルギーが増えれば増えるほど、本来の眩いばかりの光り輝くまん丸な状態ではなくなっていきます。

これが「魂のゆがみ」です。

私たちは生きているだけで、今この瞬間も何かしらの体験をしています。その度に、無意識レベルで魂のゆがみがつくられているのです。

ゆがみを大きくする条件反射

魂のゆがみを放っておくと、本来の魂エネルギーから分離し欠けていくので、元々の光が小さくなっていきます。すると、自分の力もどんどん弱くなってしまうので、思ったことを言えなかったり、周りを気にし過ぎて行動できなかったり、人を優先して自分を犠牲にしたり、感情にのまれて自分をコントロールできなくなったりと、生きづらさを抱え悩むことになってしまいます。

そうなったときに、よく聞く言葉があります。

「やっぱり自分はダメだ」

「またやってしまった」

と、条件反射で自分にダメ出しや否定を多くの人がしてしまうのです。たしかに、自分のためにも、相手のためにも「今度は改善しよう！」と思いながら、また同じことをやってしまうと、悲しくなってしまいますよね。

ただ、実は自分にダメ出しや否定をする度に、不調和なエネルギーが増幅して、どんどんどん、魂のゆがみが大きくなってしまうのです。これでは、あるがままの本来の自分を楽しみながら、軽やかに生きる人生からほど遠くなってしまいます。

永遠にくりかえす人生から解放する「種」

魂のゆがみは「トラウマや魂の傷、心の傷の度合い」によっても、ゆがみ具合が変わってきます。今もし、トラウマや魂の傷、心の傷と聞いて、「ヒーリングやインナーチャイルドセラピー、潜在意識書き換えをやればいいんだ！」と安心したのなら危険です。なぜなら、それらは魂のゆがみの根本原因である、核心部分にアプローチできないからです。

ここで勘違いしていただきたくないのですが、決して、否定しているわけではありません。従来の「ヒーリングやインナーチャイルドセラピー、潜在意識の書き換え」などは、素晴らしいものです。実際に、私も使っています。ただ、魂のゆがみを修復する手前止まりになってしまう、ということなのです。要は、悩みの核心部分の「種」が残ったままなので、よくなったと思っては元に戻ることを、永遠に繰り返す人生になってしまうのです。

そうではなく、「ヒーリングやインナーチャイルドセラピー、潜在意識の書き換え」の先にアプローチすることで、繰り返す悩みから解放できるようになるのです。

元に戻らず幸せと豊かさエネルギーを循環する魂本来の自分へ

魂のゆがみを修復すれば、あるがままの自分で周りの人たちとお互いに尊重し合える調和のとれた人間関係を築くことができるようになり、好きな仕事で豊かさエネルギーを循環させ、いつも喜びと幸せを感じられる、輝く本来の自分へと変容することができます。

このように、魂のゆがみというのは、生き方や人生に重大な影響をもたらすのです。

自分を取り戻す一番大切なこと

1人ひとりの魂には、無限の可能性が秘められています。その無限の可能性を開花させ、魂本来の自分を輝かせるためにも、一番に大切にすることは「魂のゆがみを修復する」ことです。

周りに振り回されないあるがままの自分で、軽やかな人生を楽しむためには、魂のゆがみを修復することが、何よりも欠かせない本質的な部分なのです。

2　魂のゆがみ＝固執した主観

本当に大切なことを見失う

主観に固執するというのは、「ゆがんだスクリーン」で「色メガネ」をかけて見る映画の世界を生きる、のと同じです。この状態で何年も過ごしてしまうと、魂のゆがみがおおきくなるだけでなく、物事の真の意味がわからなくなり、本当に大切なことを見失うことにもつながってしまいます。

小さい身体が私たちではない

私たちは魂が宿った身体で日常を過ごしていますが、実は、１人ひとりの「意識」が本体です。私たちは意識体なのです。突然、そう言われても、急には理解できないかもしれませんね。

ただ、あなたの意識は宇宙全体を覆うくらい、もの凄く大きな意識体なのです。それほど大きな意識体が、この身体にギュッと入っているのです。

本来はもっと制限や枠のない世界にいたわけですから、３次元世界の小さな身体にギュッと入っているだけでなく、さらに制限や枠がたくさんあったら、とても苦しいですよね。

本来は自由な存在

それほど大きな意識体が、「狭い枠の中の世界がすべて」という意識の状態で生きることになるので、魂は私たちに『本当はそうじゃない』と気づいて欲しくて、生きづらさという形で教えてくれます。魂だけでなく、実は宇宙も、

あなたに本来の自分になって欲しいと願っているのです。

私たちには身体という物体がありますが、今この瞬間にも、銀河の中心や地球の中心に、一瞬にしてアクセスできるほど、自由で大きな存在なのです。小さな身体だけが、自分だと思わなくていいのです。魂は、生きづらさを通して

「自由な存在なんだよ」

「意識が小さくなっているよ」

とメッセージを届けてくれているのです。

大切なことを教えてくれる魂のゆがみ

1人ひとり、独自の視点や感情、考え方を持っています。その異なる基準から生まれる「魂のゆがみ」があります。それは固執した主観や偏見からくるもので、これらが制限や枠となってしまい、そのままでいると非常に痛みを伴います。しかし、その痛みが実は大切なことを教えてくれているのです。

それは、あなたの「魂の願望」です。

幼少期やこれまでの人生の中で、あなたの魂はいくつもの願望を持ってきました。自分自身では、今はまだ自覚できていない魂の本音本望です。この大事な魂の願望を、魂のゆがみは教えてくれているのです。

毎日のルーチン作業が制限と枠を強化する

朝起きてから寝るまで、毎日がルーチン作業で終わることが多ければ多いほど、目の前の世界が狭くなっていきます。そうなると、「私がやらなければ」「私がやるべき」と自分に負担をかけて、義務感という枠がつくり出されます。つまり、主観がどんどんどん強くなっていくのです。すると、魂のゆがみが大きくなり、他の見方や考え方ができなくなるので、悩みやストレスを感じやすくなります。

「本当はこうしたいのに」

「本当はやりたくないのに」

と、魂の声が聴こえているのに無視して、自分のことよりも周りを優先する人生になってしまうのです。

現実をつくっている潜在意識

私たちには、自覚できる「顕在意識」と、自覚できない「潜在意識」があります。この２つの意識の内、現実の97％をつくっている大きな力を持つのが、潜在意識です。残りの３％が顕在意識です。

潜在意識には、今世、過去世、家系のカルマ、お腹の中にいた時の記憶、トラウマ、感覚、感情パターン、思考パターン、信念体系、概念だけでなく、心臓、呼吸などの生命維持機能まで、すべて情報として記憶されています。

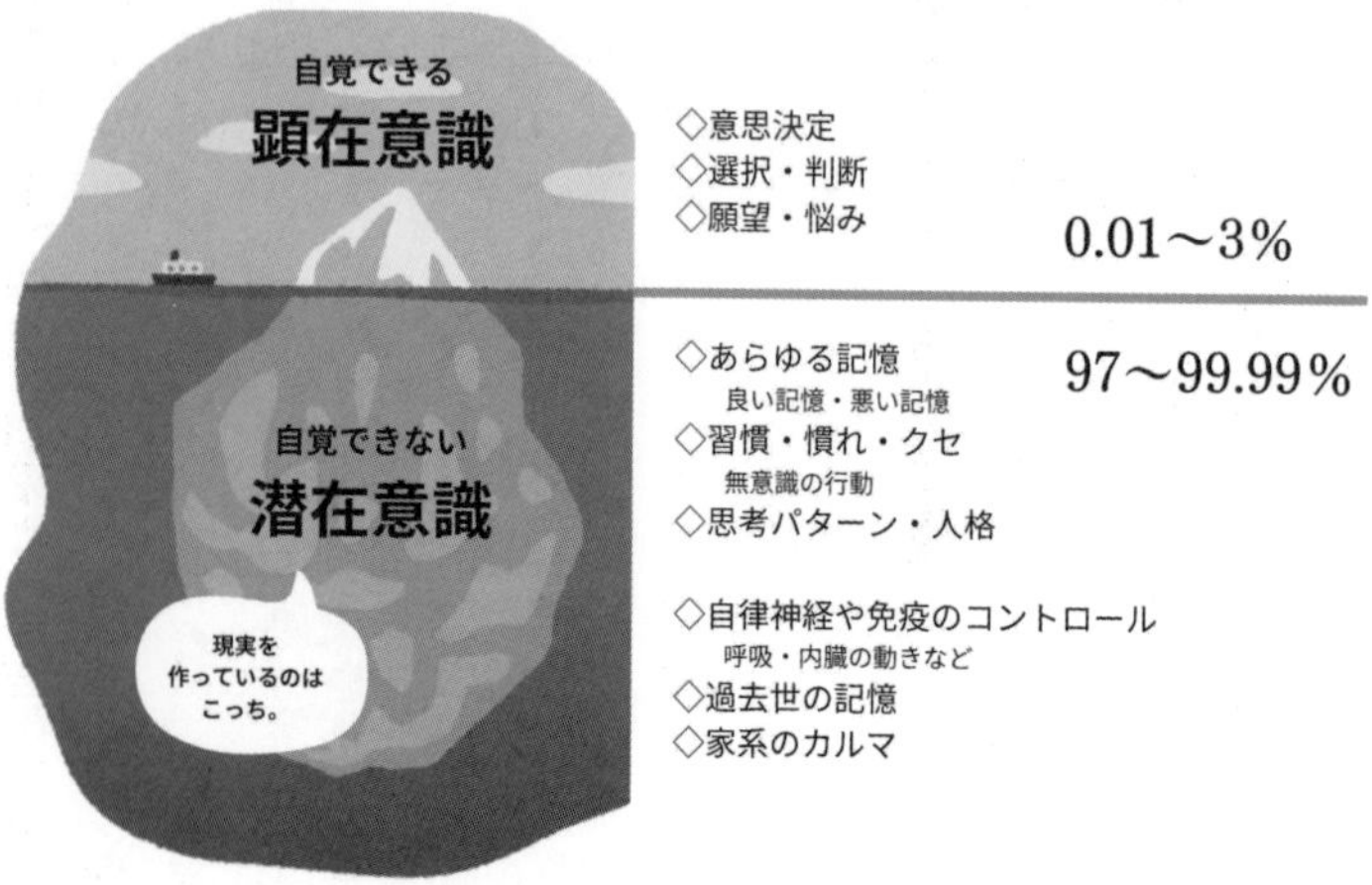

その膨大な情報の中で、「この人にとってこれが正しい」というものが、目の前の世界に投影されるのです。ただ、残念なことに思考で考える理想は、潜在意識には「この人にとって正しい」とは、認識されません。潜在意識は、ルーチンのように繰り返すことを「この人にとって正しい」と認識するので、生きづらさを感じるような主観に固執すればするほど、潜在意識はその生きづらさを感じる出来事をつくり続けるという、負のループの潜在意識の世界になってしまうのです。

解決していくためにも、まずは正しいしくみと方法を知ることです。しかし、正しいしくみと方法を知っていても、自分のことになるとわからなくなることが多いので、負のループの世界を抜け出すためにも、少しずつ解決の道を進んでいきましょう。

3　ゆがむと時間が真逆に流れる

過去を生きる

魂がゆがむと時間が、本来の流れと真逆になります。

ほとんどの人の時間が、過去→現在→未来へと、過去から時間が流れていると教えられてきますが、エネルギーレベルで時間は、未来→現在→過去へと、未来から時間が流れています。

過去から時間が流れていると、「あの時、こう言ったけど大丈夫かな」「こうすればよかった」などと、過ぎ去ったことを気にして、今ここに自分のエネルギーがない状態になります。よく「過去を引きずっている」と言いますが、要は、「過去を生きている」ということです。

過去に自分のエネルギーが分散してしまっているので、その分、自分を生きるパワーもありません。魂のゆがみは、エネルギー状態で決まるのです。

手放せない執着ループに入る

過去から時間が流れる生き方を何十年としてくると、「気にするクセ」が強化されます。起こったこと、見聞きしたことを、何かと気にしてしまうので、思ったことを素直に言えない、心の声に沿って行動できない、ということになります。また、起こってもない未来を心配して気にしてしまうのも、実は、過去に似たようなことが原因となって、無意識で過去を気にしてしまっていることが多いのです。

気にするクセが強いと、執着しやすくなります。「本当は執着したくないのに、なかなか手放すことができない」と悩む人が多いのは、魂のゆがみで、時間が真逆に流れることが大きく関係しているのです。

学校や両親、社会などの教えの中で、長年染みついてしまっている本来とは真逆の時間の流れですが、魂のゆがみを修復していくことで、習慣となった時間の流れ方を本来の流れにすることは可能です。

世界は修行になる

この世界は、本当はやさしい世界です。敵のいない、愛ある調和の世界です。それが、時間が過去から流れる状態だと、修行の世界になります。魂のゆがみを修復して、本来の時間の流れに戻せば、あなたの世界は、周りとお互いに尊重しあい支え合う、笑顔溢れる世界に変わります。世界のすべては、創造主（アメノミナカヌシ）の愛のエネルギーから生まれた世界なのですから、本来は安心に包まれながら、あるがままの自分を表現できる世界なのです。

過去から時間が流れる生き方をしてくると、自分を表現するときに不安と恐怖が顔を出すと思います。でも大丈夫です。あなたは、あるがままで愛される存在なのです。安心して魂のゆがみを修復していきましょう。必ず、安らぎと調和の中で自分と周りが幸せで満たされていきます。

4　ゆがんだまま過ごせば本来の自分を失う

自分の存在意義がわからなくなる

ネガティブな感情を体験して、調和のとれたエネルギーから不調和なエネルギーに分離すると、1つの「魂の欠片」が生まれて、魂がゆがんでいきます。


もし、何十年とそのままにしてきたのなら、自分に対して、

「いったい私って何なのか?」

「何者なのか?」

「何のためにいるのか?」

と思うときが、少なからずあったのではないでしょうか。


魂がゆがんだまま過ごすと、「魂の欠片」が生まれたときと同じ感情を感じる度に、分離した魂の欠片が成長して大きくなり、逆に自分のエネルギーが小さくなっていきます。つまり、自分自身を感じにくくなるので。自分の存在意義がわからなくなってしまうのです。自分自身を感じることが難しくなるほど、自分のエネルギーが少なくなる。その結果、自分のエネルギーが自分以外のもの（他人や仕事、日々の慌ただしさ）に吸収されてしまうのです。

自分と感情を失う

幼少期にトラウマや魂の傷、心の傷などを受けて魂の分身が大きくなっていくと、自分の本心に気づく力が育たず、自分を失っていきます。

こちらは代表的な例ですが、幼少期の経験が原因となって、ゆがみの症状が結果としてあらわれます。

≪幼少期の経験≫

・寂しい、悲しい、嫌な思いをしたり、ショックを受けた
・『姉だからこうするものだ』と言われたり、言われなくても周りの空気から察した
・両親の喜ぶ顔を見たかった、安心させたかった
・認めてもらいたい、褒めてもらいたかった

≪ゆがみの症状≫

・自分を守るために、似たような場面がくると避ける
・自然と姉を演じるようになり、自分を抑える
・我慢したり、自分を犠牲にする
・周りの評価、人の目を気にする
・期待、依存

酷くなると、成長しても自分の意見や意思がない、『自分ナシ』の状態になってしまいます。また、

感情面でも、喜び・楽しい感情が感じにくくなったりと、大きな影響が出ます。

感情には顔をだす順番と言うのがあります。ネガティブな感情ばかりを感じていると、ポジティブな感情を感じにくくなってしまうのです。

重くなる波動

本来の自分を失っていくと、どんどん波動が重くなっていきます。そもそも、不調和のエネルギーの波動自体が重いのです。そこに思考優位になると、輪をかけて波動がグンっと重くなり下がります。波動が重くなると、直感力も低くなり心の声が聞こえなくなるので、自分の本音もわからなくなってしまうのです。

5　うかうかしてたら他人に自分を乗っ取られる

自分の本質とのつながりが薄れる

魂のゆがみが大きくなればなるほど、自分の本質とのつながりが薄れていきます。自分の本音がわからないと、自分の人生を歩むことができませんよね。そしてたとえ、自分の本音がわかったとしても、行動に対する魂のゆがみがそのままだと、素直に行動できないで終わってしまいます。すると、自分の本音がわかりながらも、そうできない現実のギャップに違和感を感じて、もっとストレスと悩みが強くなってしまいます。

知らぬ間に他人の人生を生きている

「○○と言われた」「こう思われたかも」「周りが気になってしょうがない」と、意識が自分以外の別の人に行っているときは、実は、その別の人の人生を生きている状態です。

誰かの言動を気にして、自然体で生活できない。言われたことを気にして、思うように行動できない、自分を表現できない。というのは、あなたの人生の主導権が、相手に行っているからです。

これは、あなたのエネルギーが相手に吸いとられている状態なので、そのエネルギーを自分に戻して、魂のゆがみを小さくしていくことで、自分の人生を生きることができるようになります。

すべての答えは自分の中にある

遥か昔の私たちは、自分の内面に入っていき、ハイアーセルフ（高次元の自分）や創造主にガイドを求めていました。自分の外ではなく、自分の中に答えを探したのです。それが今は、自分の外側へと向けるようになってしまいました。魂のゆがみをそのままにすると、自分の外側に答えを探し続けます。自分が大切にしていることも、わからなくなってしまうのです。ですから、自分がわからない、自分迷子になってしまうのですね。

あなたのハートの奥には、宇宙とつながるポータル（時空の出入口）があります。

「自分は本当は何を感じて、何をしたいのか、何を望んでいるのか、何を幸せと感じるのか」

その答えは、自分の中にあり、見つけてもらうのを待っています。

6　人生を決める魂のゆがみ具合チェック

魂のゆがみは私たちの全方位に関係する

魂のゆがみは、「仕事、人間関係、健康、美容、人格、性格、心のあり方、思考パターン、感情パターン、人生ステージ、お金・・・」私たちに関わる、ありとあらゆる分野に関わっています。つまり、魂のゆがみを修復すれば、全方位が良好になるということです。

魂のゆがみの鍵を握っているのは、調和がとれたエネルギーから分離した「魂の欠片」たちです。魂の欠片は決して悪者ではありません。そうではなく、魂の欠片たちはもう一度、調和のとれたあなたのエネルギーに戻りたいと望んでいるのです。

自分を知る準備／魂の欠片・ゆがみ具合チェック診断

あなたの魂は、あなたが魂のゆがみに気づいて「本来の自分を取り戻せるんだ！」と前向きな気持ちで楽しみながらゆがみを修復し、今世を思いのままにつくっていくことを待っています。そのためにも、魂の欠片たちがどのくらい隠れていて、魂のゆがみ具合がどれくらいなのか？　を知ることが大切です。
次のチェック診断は、本来の自分になる大事なエッセンスを7段階にしたものです。
さっそく、自分を知る準備に入りましょう。

第1段階　人生の基礎

□あまり愛情を感じられずに育った
□孤独だと感じている。または、感じたことがある
□やらなければいけないことがあるにも拘らず、行動に移せない
□家族のつながりをあまり感じられない過去がある
□フワフワして自分がココに居ないときがある
□心からの安心感がなく、いつも不安になっている
□生後から5歳ぐらいまでに、何かしらのトラブルやトラウマ、強いショックを受けた経験がある
□慢性的な疲労や感情が優れないなど、エネルギー不足だと感じることが多い
□お金や将来について過剰に心配をする

第2段階　エゴと感情

□自分を信じられずに、疑うときがある

□自分の性的傾向に問題を感じることがある
□過剰行動や衝動的な行動をするときがある
□自分の思い通りにならないと苛立ったり焦るときがある
□３～８歳までの間に強いショックやトラウマを体験した
□基本的に元気がなく、スタミナが弱い
□喜びを受け入れることができない
□自己否定や自己拒絶
□自分の感情や、体の限界を超えて無理したり無視をする

第3段階　なりたい自分と現実創造

□気性が激しく、感情をコントロールできないときがある
□いざというときに、プレッシャーに負けたり、空回りしてしまう
□意志が弱くて周りに流される
□８～12歳までの間に、激しいショックやトラウマを経験した
□不意に感情の爆発が起こる
□威圧的な態度で人を思い通りにしようとする
□不安でつねに安心を求める

□他人の考えを意識しすぎる
□他者をコントロールしたり支配しようとする

第4段階　愛の目覚めと与える受け取るバランス

□自分は何がしたいのか、何に喜びを感じるのかがわからない
□感謝や褒められても素直に受け取れない
□愛する、愛されるということができない
□物事に対してネガティブで否定的、もしくは高圧的
□12〜16歳までの間に、強いショックかトラウマを経験した
□時に他者へ献身的に奉仕しすぎて、自分が先に参ってしまう
□○○をすれば認めてもらえるなど、条件付きが多い
□素直に感情表現をできない
□他者や周りと共感しすぎてしまい、自分を見失ってしまう

第5段階　自己表現しながら願望実現の魔法を使いこなす

□言いたいことがあっても我慢する
□感情を抑圧し、感情を表現しない

□恐れや不安など、ネガティブな感情から行う行為
□自分の言いたいことが上手く伝わらず、誤解を受けることがよくある
□自分の感情を素直に表現できず、自分の魅力を十分に引き出せない
□会話だけではなく、コミュニケーション全般に問題があると感じる
□他の人の話を聞けない、もしくは聞き間違えをよくしてしまう
□15～21歳までの間に、強いショックやトラウマを経験した
□他者を怒らせる事を恐れ、過度に遠慮をする

第6段階　人生を切り拓く

□眠りが浅く、悪夢をよく見る
□将来、上手くいっている自分をイメージできない
□自由になりたい、解放されたいなど、身動きが取れない状況にいる
□自分は幸せではないと感じ、そのことに罪悪感がある
□21～26歳の間に強いショックやトラウマを経験した
□直観が冴えない、または思考が強いと感じる
□自分が理解できないことは受け入れられない
□絶えずストレスを感じ、頭痛を感じる

□注意力や集中力が低いと感じる

第7段階　新しい自分に覚醒、今までの自分を超越する

□無意識の内に、他の誰かになろうと頑張ってしまう
□勝手に批判された感覚を覚えてストレスがたまる
□心の内面に向かい、自分のエゴや怖れや恐怖と向き合うことができないときがある
□過去の失敗にとらわれてしまい、明るい未来を描けない
□生きることで精一杯だと思ったことがある
□ハイアーセルフや宇宙、神とはつながっている感覚がない
□実力を出し切っていないと感じることがある
□決断できないときがある
□フッと、自分の居場所がないと感じたことがある

魂の欠片はどんな人にも居ます。また、当てはまったものを、どのくらい強く思い感じているか？で、魂のゆがみ具合も変わります。もし、たくさん当てはまったとしても、何も心配することはありません。

あるいは、少しだけ当てはまった場合でも、本来の自分になれていないのであれば、今は自覚の

ない魂の欠片が居るということです。まずは、自分の中に「何かしら魂の欠片がいる」と気づくことで、本来の自分になる光の道が見えはじめます。

7　今すぐ戻しましょう！ゆがみが修復されれば本来の自分が姿を現す

ゆがみはよくないもの？

この魂のゆがみは、私たちにとって、本来の自分になる道しるべです。そして、魂のゆがみは誰かにやってもらうのではなく、『楽しみながら』自分で修復するものです。

楽しみながら自分でやるからこそ、たった数か月で自分をとても愛おしく感じ、心穏やかになり、一生分のカルマも解消してしまうほど、一気に本来の自分への道が加速することができます。

解決方法が「わからない」「知らない」だけ

よくなったと思っても、また元の状態に戻ってしまうことを繰り返すのは、魂のゆがみを無視して、表面的な部分だけをどうにかしようとしているからです。

ただ残念ながら、これまでは悩み問題の根源から解消したくても、解決方法が「わからない」「知らない」で止まってしまうのがほとんどでした。

元に戻らずステージを上げ続ける本来の自分

人も世界も、すべて『見えないしくみ』でできています。

宇宙の法則、人間の取扱説明書、本来の生き方やあり方、チャクラシステムなど、これらのしくみに沿っていれば、幸せにしかならない人生にできます。しかし、多くの人が法則からズレたり、思考・心・感情の正しい使い方と真逆の使い方をしたまま過ごしてしまい、自分らしく生きれないという生きづらい人生になってしまっています。

この『見えないしくみ』を熟知し、魂のゆがみを修復していくことで、悩み問題の根源から解消できるようになっていくからこそ、元に戻らないだけでなく、人生ステージ・魂ステージの次元を上げ続けることができる、本来の自分の姿が現れ出すのです。

天命に沿ったタイムラインに変わる

魂のゆがみが修復されて、どんどん調和のとれたエネルギーに戻っていくと、魂が今世でやりたいと決めてきた、天命に沿った生き方になっていきます。

あなたの人生は、生きがい・やりがい・充足感を感じられるタイムラインに自然と変容します。内側から湧き出る思いをキャッチして、素直に行動せずにはいられなくなる、本来の自分が顔を出し始めるのです。本来の自分、それはフィルターを通さずに自らの声を信じることから生まれるもの。それが、あなたが魅力的で美しいと感じられるようになる瞬間でもあります。

本来の自分になる＝魂の目的＝波動を上げる旅

本来の自分になることは、あなたの魂の目的の1つです。なぜなら、魂の目的は「魂が成長する」ことであり、つまりは、「本来の自分になる」ことだからです。

魂は旅をしています、愛の存在に戻る旅です。3次元地球で今世を過ごすのも、魂の旅の過程の1つなのです。魂の旅をもっとシンプルにいうと「波動を上げる旅」です。本来のあなたは、生きづらい重い波動ではなく、希望に満ち溢れたとても軽やかな波動なのです。

生きづらさは1人で解消するのではない

魂のゆがみを修復して本来の状態に戻すとは、1万年以上続いた縄文時代の頃のように、宇宙・地球・ハイアーセルフたちの高次元チーム、神々、女神、大天使、天使たちとのつながりを太くするということ。

これまであなたは、1人で我慢し頑張ってきました。でも、本当は1人ではないのです。あなたを見守りサポートして、一緒に人生をつくっているサポートチームがいます。

信じられないかもしれませんが、あなたが「本来の自分になる」と決めて、行動し始めると、一気にサポートチームも動き出します。魂のゆがみを修正し、生きづらさを根源的に解消するのは、あなた1人ではなく、高次元チームと一緒に行っていくのです。あなたは1人ではないことを知ってください。その共同作業があなたの新たな知識や成長を促し、かつて抱えていた問題が、まったく重要なことではなく、小さいことだったと見えてくるでしょう。

あなた専用の高次元のチームは、あなたにとって全く関係ない他人ではなく、気心の知れた心強い仲間です。その仲間たちと一緒に魂のゆがみをどんどん修復して、まだ見ぬ本来の自分に出会いに行きましょう。

第2章　魂のゆがみを整える3つのエレメント

1　生きづらさを根本から解放する3つのエレメント

幸せをもたらす『宇宙の叡知』

すべての人が、ある一定の法則やしくみに則って、日常を過ごしています。このことは学校や社会では、教えられてきません。そもそも私たちは「住んでいる場所は？」と聞かれたら、自分が知る住所を思い浮かべるかもしれませんが、それだけではありません。実際には、日本であり、地球であり、銀河であり、宇宙に住んでいるのです。

普段、意識していないと「壮大だな」と他人事のように感じると思いますが、事実です。

太陽系の惑星同士が絶妙なバランスで配置されて動いているのも、宇宙の法則やしくみがあるからです。この壮大な宇宙を創っている法則やしくみを無視することは、車の運転方法を知らずに運転して、思うように走れないどころか、道のあちこちにぶつかりながら走るようなものです。

私たちの人生も同じで、基本的な宇宙の法則を無視しているから、自分に何が起こっているのかわからず、いつまで経っても生きづらさが解消できないのです。

そして、私たちには「幸せにしかならない人間の取扱説明書」というのが存在します。思考や心、感情、左右2つの脳、脳波、呼吸、言葉、行動などには、「本来の正しい使い方」というのがあるのです。また、「私たち本来の生き方」もあります。

「考え過ぎて悩み問題が消えない」
「心の声が聞こえなくて、何をしたいのかわからない」
「寝る直前まで思考の声がする」
「感情にのまれる」
「呼吸が浅く身体が疲れやすい」
「思ったことを言動に移せない」
「相手のことを気にし過ぎて自分を生きられない」

などは、本来の使い方や生き方から、ズレてしまっているから起こる症状です。「幸せにしかならない人間の取扱説明書」に沿って自分を扱えば、その通りに『幸せにしかならない人生』を手に入れることができます。

純粋な幸せを感じられる本来の自分になり、思いのままの人生をつくっていくためにも欠かせない基本となるのが、３つのエレメントの１つ目である、この「宇宙の叡知」なのです。

１００％の魂で純粋な喜びを感じる『魂統合』

波動が軽く、調和のとれたエネルギー状態が本来の私たちです。キラキラと光輝き、自由に自分を表現し、とてもパワフルに無限の可能性を解放することができます。ですけど、生まれてから今までたくさんの経験をする中で、自分の光をどんどん解き放てなくなっていくのです。その理由は、

100％の調和のとれたエネルギーから不調和なエネルギーに分離して欠けて、どんどん自分の力が出せなくなるからです。なので、周りを過剰に気にして、自分のこともわからなくなり、幸せや喜びも感じにくくなってしまうのです。

悲しい・嫌だ・恐怖などの、ネガティブな感情を感じるたびに、本来自分が持っている調和のとれたエネルギーから分離して、不調和なエネルギーに変わってしまい、心の傷やトラウマ、ブロック／ブレーキとなり、生きづらさを感じるようになります。また、分離して欠けた不調和なエネルギーをそのままにしていると、どんどん強化されて、解消しにくくなります。

分離して欠けたのなら、単純に戻せばいいのです。それが「統合」です。しかしここで、多くの人が陥りがちな落とし穴があります。一般的なセラピーや統合法などでは、統合の手前で止まってしまうのです。なので、「元の状態を繰り返す」「現状が変わらない」「モヤモヤが残る」「よくわからなかった」という声を、とても多く聞きます。そうではなく、キチンと最後まで統合する事が大事です。それが可能になるのが、「魂統合」という2つ目のエレメントです。

嫌な思いは一切なし、波動を軽く楽しみながら

魂を統合するためにとても大切な基本があります。それが「波動を軽く、楽しみながら」です。『やらなければ』『向き合いたくない』『コワイ』などを持ちながらだと、我慢やストレスとなり波動が重くなってしまうので、統合を遅らせてしまうだけです。私自身、さんざん遠回りして辛い

時期を長年続けてきて、最短ルートでキチンと最後まで統合できる秘訣と方法を見つけました。

その中での重要ポイントが「波動を軽く、楽しみながら」です。ここがベースにあるので、魂のゆがみ修復をする皆さんは、みるみる自分を心から好きになり、本来の自分を取り戻し始めます。

潜在意識を根こそぎクリアリングし、魂統合を加速する『ライトボディ覚醒』

ライトボディは「光の体」と呼び、高次元に存在する私たちの肉体の元（原形）となるエネルギー体です。その原形となるエネルギー体を浄化・活性化することで、大元から本来の自分になる変容を起こすことができるようになります。そのためにも、やはり不調和なエネルギーを調和のとれたエネルギーに変容することが大事になってきます。

そこで、重要なのが「潜在意識」と「チャクラ」です。

生きづらさをつくり出している根本原因が潜在意識にある限り、生きづらさは続きますし、魂統合の進み具合もゆっくりとなり、なかなか進まないことになってしまいます。トラウマや心の傷、過去世や現世の家系のカルマ、ネガティブな思考パターン、感情パターン、行動パターンなどが、生きづらさにつながっている訳ですが、これらの根っこがある場所が、潜在意識なのです。

また、聞きなれないかもしれませんが、あなたの波動を決め、人生そのものである7つのチャクラシステムというのも、目に見えないものですが、生きづらさを脱却して、魂本来の自分を解放するためには、非常に重要な部分になってきます。

この３つ目のエレメントである「ライトボディ覚醒」が、潜在意識を根こそぎクリアリングしながら、２つ目の魂統合を想像以上に加速します。

潜在意識は書き換えるものではない

一時期、「潜在意識の書き換え」が流行りましたが、そもそも潜在意識は書き換えるものではありません。潜在意識は「魂の状態を映し出す鏡」なので、本来は綺麗にクリアリングするものなのです。

「そんなことできるの？」と、難しく思うかもしれませんが、潜在意識のしくみとネガティブエネルギーのしくみがわかれば、簡単です。

生きづらさの要因を潜在意識から根こそぎクリアリングしていけば、相乗効果が生まれるので、魂の統合をどんどん加速して１００％の魂で純粋な喜びを感じながら、本来の自分を取り戻すことができます。

ライトボディ覚醒で行う内容は、目に見えないけれども、仕事・人間関係・お金の分野など、人生で当たり前に起こることと非常に密接しています。現実をつくる潜在意識、事象を引き寄せる波動だけを見ても、あなたの人生を決めてしまうほど、重要なものなのです。

2　3つのエレメントなく、現状を変えることはできない

生きづらい現実をつくっているもの

制限のある学校教育や社会で教えられ育った私たちは、目に見えることだけを信じる人がほとんどです。しかし、目の前の現象化世界は、自分の潜在意識の世界が映し出された鏡の世界です。

「こうするべき」「これが正しい、これは間違い」などの制限や昔の古い教えの枠に自分を当てはめて、自分よりも他人を気にしてあるがままの自分でいられない、生きづらい世界があなたの潜在意識につくられています。

その生きづらい世界が現実に映し出されているので、現状を根本から変えるためには、潜在意識の生きづらい世界を効果的に理想の世界に変容する、３つのエレメントが欠かせなくなってきます。

3つのエレメントが現状の「実」となるすべて

１人ひとりの現状が違うのは、思いグセや考えグセなどの思考パターン、トラウマ・心の傷・ショックなどから生まれた魂の欠片たちや、育った環境・関わる周りが、誰１人としてまったく同じ人がいないからです。日常で起こる事象は、今のアンバランスな思考によって捉えられ、そして魂の欠片にエネルギーが注がれて、潜在意識に生きづらい世界がつくり出されます。

・日常の思考／捉え方＝宇宙の叡知
・魂の欠片＝魂の統合
・潜在意識／波動＝ライトボディ覚醒

これら3つのエレメントがあなたの現状の「実」となるすべてであり、この3つがなければ現状を根本から変容させることはできません。

現状を変えるための最初のステップ

一方で、3つのエレメントを心に留めて、自分を知り、自己理解を深めることは、あなたの生活や周囲の状況を変化させる力になります。そうすれば、鏡に映し出される世界もまた変化し、新しい現実が生まれるのです。

あなた自身が、どれだけ3つのエレメントに向き合い、魂を癒し・浄化・活性化し、自分自身の中を穏やかで愛と喜びの調和の状態にバランスをはかれるかで、現状を根本から変容できるようになるかどうかが分かれます。

自分の思考、行動、エネルギーを意識し、それらが現状にどのような影響を与えているかを理解することは、現状を変えるための最初のステップです。今日から1日1回、自分の思考、行動、エネルギーを確認し、それぞれにポジティブな改善を施してみてください。小さな努力が大きな結果を生むことを、体感できるはずです。

3　1つではなく3つで支える理由

三位一体

この3つのエレメント「宇宙の叡知・魂の統合・ライトボディ覚醒」は、魂本来の状態の「ボディ・マインド・スピリット」と関連しています。これらは個別に存在するものではなく、互いに影響を及ぼしながら一緒に働いています。

元に戻らない本来の自分に、根本から変容するためには、これら3つのエレメントを同時にケアすることが必要です。

ボディ（4つのＢｏｄｙ）＝ライトボディ覚醒

「ボディ」とは、物質世界に慣れ親しんだ身体のことだけではなく、目に見えない4つのエネルギーボディのことを指します。4つのエネルギーボディとは、①肉体、②オーラにあるエーテル体、③感情体、④精神体のことです。宇宙の視点からすると、肉体もエネルギーでつくられています。だから、エネルギーボディなのですね。

そして、4つのエネルギーボディには、生きづらさを感じる感情・思考形態・過去のすべてが記憶されています。身体だと「細胞、内臓、脳組織…」などに、無意識のうちに記憶されています。

この部分を解放しない限り、他に悪影響を及ぼしてしまうのです。

マインド＝魂の統合

思考的、感情的な存在である「マインド」ですが、生きづらさがどうして続くのか？ というと、単純に、魂の欠片がつくった思考・感情・信念体系であるエゴ（自我）に固執してしまうからです。学校や家、友人知人などの環境からなる教条や社会との関わりを通じて、たくさんの経験体験をしてきます。その中でネガティブな感情を感じる度に、偏った見方のマインドが確立されていきます。同時に、感情を感じた瞬間に見えないレベルで、魂の欠片が分離して生まれます。

魂の欠片をそのままにするということは、自分のエネルギーが欠けたまま、偏った思考や感情をつくり続け、生きづらさの中に居続けることになるのと一緒です。何度も言いますが、魂の欠片たちはあなたに見つけてもらい、調和のエネルギーに戻ることを待っているのです。

魂の統合をして、不調和なマインドから本来の調和のマインドに戻っていけば、4つのエネルギーボディにあるネガティブな記憶も解放され、次の「スピリット」も連動して本来の状態に戻り、生きづらさではなく、幸せと歓びを感じられる状態へと、よい影響を与えることができます。

スピリット＝宇宙の叡知

「スピリット」は、物質世界に住む私たちが持つ精神的な側面を指します。人の心は物理的な体を超えて存在し、私たちの感情、意識、そして経験に対する認識を通じて存在しています。
自分のスピリットと向き合い、自分自身の内面の声に耳を傾けることが、生きづらさを味わう人生ではなく、本来の自分を楽しみ、幸せで豊かな人生を送るための基盤です。それだけでなく「宇宙の法則、原理原則」は、私たちが具体的な行動を起こし、あらゆる結果を生む土台です。地球が太陽の周りを回るしくみになっているのと同じように、宇宙には様々な法則や原理原則が存在し、それらは私たちの日常生活に、深く根付いているのです。

私たちに関わる「最低限の法則」や「原理原則」、「神聖なツールの取扱説明書」を理解せずに無視したり、真逆の使い方をしたまま生きることは、幸せにしかならない使い方からズレることを選んでいるということです。

つまり、人生の土台である基礎が、ゼリーのようにフニャフニャ状態で、「どうしたらいいのか、わからない！」という、自分迷子ループにハマることを、自ら選んで望んでいるということです。意外かもしれませんが、そうなのです。

高層ビルを建てるときには、60メートルの基礎の杭を打って、がっしりと土台をつくることもあるというほど、人生の土台である基礎は、必要不可欠なものなのです。人生は、高

層ビルよりも大きなものです。しっかりとした土台となる基礎を固めていくことが、重要だということは伝わったでしょうか。

これまでの古い制限や信念体系を取りはらって、あるがままの自分で魂が今世で謳歌するためには、この宇宙・人生、すべての基盤となる広大なルールを知ることが必要不可欠なのです。

そして、残念ながら、この全体を見渡せる重要な基盤がないと、他の「ボディ」「マインド」がなかなか改善しない大きな影響につながることになるのです。

私たちは一側面だけではない

何気ない日常生活で心を揺さぶられ、周りを気にして我慢し、自分を出せない。その生きづらさは、これまでの人生経験からつくられますが、そもそも私たちの人生というのは、思考だけでできているわけではなく、身体だけでできているわけでもなく、潜在意識だけでできているわけでもありません。

どれか1つだけをどうにかしようとしても、生きづらさの根本から変容するのは不可能なのです。それがたとえ、そのときはよくなったと感じたとしても、また別のところで似たようなことが繰り返し起こり続けるからです。

「生きづらさ」を本当に解消したいと思うなら、全体を見る視点が必要です。思考、身体、潜在意識のすべてが関係していることを理解し、統合的なアプローチで取り組む必要があります。

見えないレベルも誰でもわかりやすく

幸せな人生も生きづらい人生も、複数のエッセンスが関わり合っているのです。この複数のエッセンスを、誰でもわかりやすく扱いやすく分けたものが「宇宙の叡知・魂の統合・ライトボディ覚醒」の3つのエレメントです。1つではなく、3つのエレメントで同時に支えることで、最短最速で長年の生きづらさを根本解決し、元に戻らない魂本来の自分へ加速することができるのです。

4　1つでもパーツが欠ければ現状に戻される

私たちをつくるエッセンス

1つでも人の心理や行動についてのパーツが欠ければ、つまり、内面のバランスが崩れれば、瞬く間に元の状態に戻されてしまいます。これは、三位一体のボディ・マインド・スピリット、あるいは思考・感情・行動など、人を構成する複数のエッセンスが、バランスよく組み合わさっている状態を証明しています。

人のしくみはシンプルですが、それらを複雑に感じられるのは、古い思考形態のせいです。元に戻らない本来の自分になるには、根本原因が隠れている、見えないエネルギーを扱うことが必須になってきます。その中の、どれか1つでも欠ければ、魂が望む状態とは別の現状に戻されます。

すべてのパーツが揃ってはじめて、本来の自分になり、その状態を保つことができるのです。

生きづらさ根本解消に必須なバランス

分離して欠けた「魂の欠片」だけを元の状態に戻しても、狭い視野や思考パターン、ものの見方・捉え方がそのままだと、日常生活ですぐに現状に戻されます。

また、私たちの土台となる基礎部分、「宇宙の叡知」を習得したとしても、欠けて小さくなった自分のエネルギーがそのままだと、本来のように発揮できませんし、潜在意識に根本原因の「種」が残ったままなので、似たような事象が起こり続けます。

そして、高次元にある人生そのものを司る「ライトボディ覚醒」だけをしたとしても、3次元の物質世界を生きる私たちの魂のゆがみは、修復されないままなので、現状に戻され繰り返します。

このように、3つのエレメントの1つでもパーツが欠ければ、どんなに頑張っても、あっという間に生きづらい現状に引き戻されてしまうのです。

これらのエレメントが、バランスよく揃って初めて生きづらさを解放した本来の自分への扉が開かれます。

5　3つのエレメントが天命に導く

魂が決めてきた「天命」

魂が決めてきた〝天命〟というものがあります。天命はすべての人の魂が決めてくる訳ではありませんが、ほとんどの人の魂が、「今世でコレをやる」と決めてきます。この天命に沿った人生になればなるほど、喜びと笑顔が溢れ、生きがい・やりがいを持った、常に幸せを感じられる人生になります。本来の自分を取り戻していけばいくほど、この魂が望む〝天命〟に沿ったタイムラインへ人生がシフトしていきます。

天命を目指す秘訣と秘策

魂のゆがみが及ぼす生きづらさは、社会や古い教えや価値感、他人の評価に縛られて「やっぱり自分はダメだ」「またやってしまった」などの自己否定に陥り、自分を見失っていきます。

自分の内面を見つめ直し、思考／エゴの声ではなく、魂／心の声に沿って生きることが、生きづらさを克服するための秘訣であり、自ずと天命を叶える生き方に変容する秘策です。

自分が何者であり、何をするべきかを理解することで、一度進んだ道は元に戻らず、人生は前に進み続けることができます。

心から湧き出る天命エネルギー

リーディングやチャネリングなどで、人から教えられて『そうなんだ』と思う天命か、リーディングやチャネリングではなく『内側から浮かび上がる』天命か。どちらが心の奥からしっくりくると思いますか？　きっと、後者だと思う人が多いのではないでしょうか。魂のゆがみ修復は、自分の内側から、天命に沿った新たな人生の道筋が見えてきます。

魂メソッドを実践した生徒さんたちは、自分の内側から浮かび上がったことに、情熱とやりがい・生きがいを感じ、周りの目に左右されるのではなく、自分のハートの声に沿って、楽しみながら行動し続けることをされています。

そうすることで、自然と天命に沿ったタイムラインに変わっていきます。やはり、自分自身の『内側から浮かび上がる』天命エネルギーは、持続するパワーが違うのです。

天命＝『魂の光の道』

たとえば、生きづらさを抱えたままの自分で、天命を教えてもらっても、「よくわからない」「そうなんだ」と、しっくりこないままで終わってしまうことが多いはずです。それは、本来の自分と、かけ離れている状態だからです。

天命に沿った人生とは、『魂の光の道』に沿った人生ということです。あるがままの自分を受け入れ、軽やかな波動の本来の自分だからこそ、凛とした魂軸を持ちながら、魂の光の道を歩むことができるようになるのです。

新たな人生の道筋

魂のゆがみを修復して「本来の自分になる！」と決めると、あなたのハイアーセルフたちの高次元チームが動き出し、魂の目的に沿った『天命人生』に変容し始めます。そこから行動して、魂のゆがみを修復し、生きづらさを解放していくからこそ、これまでにない自分を発見しはじめることができるのです。

内側から湧き出る感覚で「これかも」「こうなのかも」と感じるような、自分の中の穏やかな声をキャッチしたり、突然、思ってもない話が舞い込んだりと、天命にそった人生を歩みだします。

これまでの数えきれない過去の選択や行為が、ありのままに受け入れられ、新たな人生の道筋が見えて来るたびに、驚きを隠せないあなたに出会えます。

6　魂が覚醒し次元上昇し続ける3つのエレメント

自分の本質に「触れ続ける」

少しよくなったからといって、そこで辞めてしまっては残念ながら、また元の状態に戻されてしまいます。それは、魂のゆがみが影響して、日々生活の仕事や雑事、周囲の意見に左右されてしまい、自分の本質に触れ続けることができない状態になるからです。

３つのエレメントで魂のバランスをとり、自分の本質に触れ続けることができれば、生きづらさに翻弄される人生を終わりにし、軽やかな波動で本来持っている可能性を最大限に引き出して、思いのままの人生を叶えられるようになります。

3つのエレメントが欠けると起こる症状

これまで、少しよくなっては元の状態に戻ることを繰り返してきた、たくさんの方と話しをしてきた中で、よく聞く言葉があります。

「確かに少しは変わったけど、モヤモヤが残る」

「軽くなっても、現実が変わらない」

「以前よりはよくなったけど、まだ先がある気がする」

これらは、3つのエレメントのどれかが欠けているから起こる症状です。そして、症状をどんどん強く感じるようになっていきます。

それは、生きづらい自分を卒業するために、魂に光を射す行動をとり始めたからこそ、以前よりも違和感が気になるようになり、悶々とスッキリしない不完全燃焼に陥ってしまうのです。

魂の光が強くなると起こる具体的な流れ

3つのエレメントを通して魂のゆがみが修復されていけばいくほど、あなたの魂の光が強くなります。

要は、自分と周りに幸せと豊かさを循環する本来の自分に向かうような流れと、その流れを逃さずにキャッチして活かす自分へ、自然と進化&変容していくようになります。

具体的には、次のような流れです。

・見落としていた欠片を見つけ、自分の中の調和がとれ始める
←
・波動が軽くなり、直感やメッセージを受けとりやすくなる
←
・自分だけでなく、周りが変わり始める
←
・願ったことがすぐに手に入り、突然のギフトが舞い込む
←
・必要なことが必要なときに起こるようになる
←
・人生ステージが上がり続ける自分になる

次元移行し続けるのが本来のあなたの姿

３つのエレメントで魂が覚醒すると、あらゆる制限や社会的な期待や足かせから解放され、自分自身の本質に触れ続けられる、新しい自分に目覚めはじめます。その後も、本来の自分に覚醒するだけでなく、人間関係ステージ、仕事ステージ、人生ステージ、魂ステージを上げ続けていける自分に進化していきます。

人生を悔いのないように謳歌し続けることができる、そんなあなたが、内側から眩い光を解き放つ本来のあなたの姿なのです。

これら3つのエレメント（宇宙の叡知、魂の統合、ライトボディ覚醒）は、私たちが何者であるか、そして私たちが置かれている状況を理解し、現状の次元を上げていくための大切なエレメントたちなのです。

7　3つのエレメントは同時に回せ「歯車の関係値」

最短最速でより生きやすくなるために

宇宙のエネルギーと共振しているあなたは、それだけで驚くほどのパワーを持っています。そのエネルギーが、宇宙の叡知を思い出し、魂の統合によって、更なるパワーを引き出すことで、ライトボディ覚醒という真の目覚めへと、最短最速で導くことが可能となります。

羽が生えたような日常へ

この3つのエレメント（宇宙の叡知・魂の統合・ライトボディ覚醒）は、1つひとつが優れた力を持ちつつ、組み合わせることでその効果を相乗的に増幅させることができます。それぞれが歯車のように連携し合い、1つひとつが高まり合って、これまで何十年と感じることで大きくなった生きづらさを、短期間で根本から解消することができるのです。

一度、体感したあなたは、羽が生えたような身軽さ、内側から湧き上がる自分への愛おしさと穏やかさに包まれた日常に驚くでしょう。

26000年に一度の重要なタイミング

私たちが住むこの銀河には、26000年に一度の切り替わりの周期があります。その切り替わりの時期は、新生のための破壊が起こりやすく、宇宙の応援も強力に入り、地球が大きく変化します。それは、以前はなかった『変化するエネルギー』が、この地球に滝のごとく大量に降り注ぐようになるからです。

この変化するエネルギーは、世界や社会だけに影響があるのではなく、私たち個人個人にも同じように働きます。つまり、どういうことかというと、「変わる」と決めれば、一気に変容できる！という絶好のタイミングということです。

実は今、そのタイミングの時期に入っています。このタイミングを活用しながら、３つの歯車を同時に回すことで、一生かかったり来世まで持ち越すカルマ、あるいは過去３０００年分のカルマや、家系の因縁も、短期間で解消可能になっているのです。

ただ、この貴重なタイミングを知って、「あ、そうなんだ」と流すか？「根本から本来の自分を取り戻す！」と人生に活かすか？どちらを選ぶかで、２つの道に大きく分かれていきます。あなたの魂はこのことを知りながら、このタイミングを選んでここに来ている訳です。
本書を手に取っていただいているあなたは、きっと魂が惹かれ共鳴しているのだと思います。あなたにとって、あなたの魂にとって、あなたの大切な人にとって、最善の道を選んでください。

魂本来の自分に還る旅

今あなたが、我慢や他人優先や周りの目を気にし過ぎたりしてきて、何かしら生きづらさを感じているのであれば、現状のあなたは本来の自分ではない、ということを理解してください。

本来のあなたはもっと、心穏やかで純粋な幸せと喜びを感じながら、幸せと豊かさエネルギーを周りへと循環できる存在です。

そろそろ真剣に、魂本来の自分に還る旅を始めてみてはいかがでしょうか。いつも忙しい日々を送るだけでなく、少しだけ時間を止め、自分自身と向き合う時間をつくってみてください。それがあなただけでなく、周りの人々をも幸せにする旅となるでしょう。

第3章　宇宙の叡知を知ることで生きる指針を手に入れる

1　宇宙の法則や原理原則、しくみを知る

意識の目覚め

3次元の現実の中で私たちは大抵の場合、本能にしたがって機能し、半分しか意識が目覚めていないような状態で生活しています。あるいは、私たち自身の思いや行動が原因となって派生する出来事に、それとは知らずに反応しながら生活しています。

そのようなわけで、私たちは流れて漂い、押されたり引っ張られたりしながら、最も抵抗の少ない道を歩むことになります。

喜び、安らぎ、豊かさ、愛情に満ちた人生は「神聖な生得の権利」

私たちは、実は共同創造主であり、運命に翻弄される駒ではないということに気づいていません。神さまが私たちに罰を下すことはない、ということにも気づいていません。物事が上手くいかないと自分は犠牲者であると考え、順調なときは「ラッキーだ」と考えます。

私たちは怖れと罪の意識によって突き動かされ、過去の失敗に心を奪われて、未来に起こることを心配しながら生きています。しかし、私たちは喜び、安らぎ、豊かさ、愛情に満ちた人生にするのに必要な才能・美徳・能力（道具）のすべてを与えられているのです。それは私たちの「神聖な

生得の権利」であり、私たちはそれを忘れただけなのです。これから、思い出していきましょう。

いつかは必ず通る重要な2つの通過点

本来の自分を最速で取り戻すために、いつかは必ず通る重要な2つの通過点があります。それは、「謙虚さ」と「真の自己愛」です。

謙虚さは、誰かが一見悪いと思うようなことをしたとしたら、その部分が『自分の中にもある』と認めることができる謙虚さです。もちろん、よいことや素敵なことをした人がいたら、そういう部分が自分にもあるということです。

人を見て感じた部分は、「すべて自分の中にもあると認める謙虚さ」です。このときに、今世の自分だけを見るわけではありません。私たちは過去世や別次元の世界を過ごしたときに、かならず「悪い役／善い役」のどちらも経験してきます。今世の自分だけを見ている限り、受け入れがたい「ダークな部分」も出てきます。

そういうときは世界が狭く視座が低くなっていると気づいて、「今世以外で、魂が経験してきたんだな。」と自分の中にも『ある』と受け入れる謙虚さが重要なのです。自分の中には、すべてが『ある』のです。

真の自己愛は、「エゴの自分ではなく、本来の自分の声に思いやりを持って、エネルギーを注げるか？」です。あらゆる自分を見つけ出し、ノンジャッジで受け入れ慈しむ。そこには、すべてに対しての感謝があります。生きづらさを感じている人は、自分に感謝ができていないことが多いのですが、このことを知った今からは、あらゆる自分のすべてに感謝をして、幸せな波動を保つことをしてみてください。そして真の自己愛は、現状維持をしたい自分の声ではなく、本来の自分が持つ、無限の可能性にフォーカスした、本来の自分の声を優先することです。

ワンネスの世界

世界は1つ、あなたの世界にはあなたしか存在しません。あなたは世界の創造主です。宇宙の法則では、外の世界はすべて自分の心の中を映し出した鏡です。目の前の人も事象も、自分の心の投影です。つまり、すべて自分がつくり出しているということです。

自分が世界の創造主で、あなたの潜在意識が「目の前の世界」をつくっています。他の人の世界は、あくまでもその人の世界です。なので、自分の世界と他の人の世界を別と考えて、お互いを尊重することが大切です。そして、私たち1人ひとりが宇宙から与えられた役割を学ぶために、この世界に存在しています。

【重要】魂レベルの思いやり

今世でたくさんの体験をするのは、その体験した分の学びと成長をするためです。魂がそういう経験をしたいと望んでくるのです。魂の学びのために体験するので、「あ、ここから何かを学ぼうとしているんだな。今、成長しようとしているんだな」と〝魂レベルの思いやり〟を持つことが、非常に重要になってきます。これは自分自身に対しても、他の誰かに対しても同じように見てあげる必要があります。

そしてこれは、子どもに対しても当てはまります。小さな子どもでも、立派な１つの魂の存在です。何でもかんでも、すぐに大人や周りがやってあげてしまうと、『何もできない子ども』になってしまいます。それは、大人が学びと成長をする貴重な瞬間を奪ってしまうからです。

必要以上に手を差し伸べすぎてしまうのは、子どもの魂のためにならないのです。特に、親や家族、おじいちゃんおばあちゃんは、もっとその子の魂の力強さを信頼してあげることが大切です。

この魂レベルの思いやりは、自分と自分以外の魂を尊重するものです。魂視点では、すべての体験がとても大切なプロセスです。

なので本来は、自分の体験から「何を学び得られたか？」に意識を向けることで、自分の人生に集中することができ、自分の世界（人生）を幸せに変容していくことができるようになるのです。

魂レベルの思いやりを身につける

ほとんどの人が他人にお節介をし過ぎて、悩みや問題をつくり続けています。大人になってから何かある度に「これはこういうものだ」「普通はこうするでしょ」などと、誰かにお節介をしている内は、大抵、自分の世界に目を向けていません。自分のお世話をするよりも、他人のお世話をし過ぎてしまうのです。また、周りの目を気にし過ぎてしまうときも、相手の世界ばかりに目を向けてしまっている状態です。どちらも自分の世界をつくっている、「自分の中身」は何も変わりません。

自分と相手の魂を尊重して、魂レベルの思いやりを持って接し、「私はここから何を学べたのか？気づき得られたことは何か？」を見ていくことをしてみましょう。まずは、自分の世界（人生）と他人の世界（人生）を、キチンと知って把握することが大切になってきます。

3つの世界

この宇宙のすべてには、「陰と陽、影と光、男と女、左と右、悪と善、デメリットとメリット」などのように、両極からつくられる「二元性の世界」が必ず存在します。これは、自分の中にも、どんな事象にも必ず2つの側面が存在します。そして、2つの世界を包括した、3つ目の「一元の世界」があります。魂本来の自分は、最後の一元の世界を生きています。

両極からなる二元性の世界のどちらかを生きていると、よい／悪いや偏見などのジャッジメントから抜け出せず、悩み問題、生きづらさが生まれ続けます。二元性の世界から抜け出してすべてを包括する「一元性の世界」を生きることは可能です。そして、一元性を理解し受け入れていくためには、「ノンジャッジメント」が鍵です。あらゆる2つの側面をノンジャッジで包括した一元の世界を生きていると、いつも穏やかで自分自身がとても愛おしく、自分から周りへ世界へ、幸せと豊かさを循環し貢献できる喜びを感じる人生になります。

2元性の世界から解放

多くの人が、他の人や違う国の人を見るときに、『自分と違うところ』を見がちです。そして、そのことについて「よい／悪い」のレッテルを貼ったり、自分とは違うと分ける意識を持ちます。

しかし、すべての人は宇宙の源の同じ光から生まれた存在です。最初に、自分と違うところを見るのではなく、自分と他の人との共通点を見つけることです。

それぞれの個性がある前に、同じ人間であり、性別、目鼻口があり、身体を持っていたり、そもそも同じ地球にいる訳です。もっと言うと、宇宙の源の同じ光から生まれたエネルギー体です。または、お互いが乗り越えなければならない困難、夢や目標に向かう様子、恐怖と闘いながら生きる等、私たちは多くの共感点を持っています。自分と同じところを探すことをしていきましょう。

2元性の世界にある、2つの側面は必ず、『同じ分』と『同じ価値』だけ存在します。デメリットがあったら、そのデメリットと同じ分と、同じ価値のメリットがある、ということです。その片方しか見ていないと、どうしても偏見が生まれてしまうので、被害者意識などのネガティブな意識になってしまうのです。そうではなく、もう1つの側面も見るようにすることで、問題が起こりやすい2元性の世界から解放されて、軽い1元性の世界へと自分の次元を移行することができます。

360度、自分の投影（鏡の法則）

自分の世界は、自分が好きなように決めてつくっています。例えば、自分にとって嫌な人がいたら、潜在意識で「嫌な人」と設定しているので、自分の世界には嫌な人が居続けることになります。同じ人を、違う人の潜在意識で「よい人」と設定していたら、その人の世界では同じ人なのに「よい人」が居続ける世界になります。

自分の深層心理で思っている言葉も、周りが代わりに話すようになります。これは、自分の中にある枠（固定概念）に、はまったところだけを見るとズレてしまうので、ありとあらゆるところから見ます。３６０度の視点から見るようにしてください。イヤな人は、自分だと思ってイヤなところを受け入れることです。自覚がなくても、自分の中にあるから、外の鏡の世界に映ります。イヤな人が居たときは、その人が私だと、まずは謙虚になって認めることです。

【引き寄せの法則】１人ひとりが電磁波の磁場

私たち人間もすべての物質は「波動」であり、常に振動しています。その振動は異なる周波数が放たれて、同じ周波数帯の人同士が惹かれ、共感しあいます。要は、1人ひとりが磁場なので、あなたの放つ波動エネルギーが磁石となって、現実に集まり引き寄せられてきます。

この引き寄せは、これまでの過去世や家系なども関係してきます。なので、たとえ現時点で自覚がなくても、「相手の嫌だなと思う面も、自分の中にもある」と謙虚になって認めることが、非常に重要になってきます。

「自分が何を感じ、思い、考えるか?」自分自身が放つ磁場で引き寄せたい現実が決まるので、思考の声を落ち着かせて、内側に目を向けることが、望む現実を引き寄せることにつながっていきます。

行動を引き出す2つのエネルギー

私たちの行動の背後には、大きく分けていつも2つのエネルギーが存在しています。

それは「愛」か「恐れ」です。どちらも強烈な感情エネルギーであり、私たちの行動に大きな影響を与えると同時に、それらは自分自身を守るための基本的な感情です。

「愛」は自分や他人、あるいは何かに対する深い敬意や接点から生まれるポジティブな想いです。愛によって、私たちは大切な何かのために行動する力を得ます。「愛」は自分だけでなく、自分が大切にする人々を守る力です。愛が深ければ深いほど、その強度は増し、覚悟が深まります。

しかし、不適切な愛は自己犠牲を促し、自衛心を失わせてしまう可能性もあります。生きづらさを感じ続けている方であれば、この自己犠牲を促すような愛ベースの行動が多いかもしれません。

反対に、「恐れ」は危険や不安から生まれるネガティブな感情です。「恐れ」は、自分を危険から守るための反射的な感情です。恐怖があるからこそ、適切な行動を取れるという一面があります。しかし、その恐れが「何も行動できなくなる」という、行動麻痺の原因になることもあります。

愛と恐れは、相反するように思えて実はよく似ています。なぜなら、どちらも私たちの行動に大きな影響を与える力であり、恐れの奥には「愛」が隠れているからです。

・愛が故に、攻撃的と感じる行動が起こったりします。
・恐れが故に、攻撃的と感じる行動が起こったりします。

どちらも「ごもっとも」なのです。「ごもっとも＝御最も」です。「もっとも」の最上級です。

望む結果を引き寄せる

最上級の「ごもっとも」ですが、理想の結果や成果を得たいのなら、この「愛」か「恐れ」、どちらベースの行動かを意識することが重要です。そうでないと、波動の法則／引き寄せの法則の通りに、恐れだったら恐れを感じる状況をずっと引き寄せ続けるからです。愛だったらいいのですが、恐ればかりを、ずーっと引き寄せ続けたくはありませんよね。

なので、大事なのは、「私は今どっちのエネルギーで行動しているか？」に気づくことです。

2 【運命の方程式】魂本来の生き方を思い出す

人生は自由につくれる

運命の方程式というのがあります。

「（宿命25％＋環境25％）×生き方・在り方50％」＝運命

ここにある宿命25%は、自分の魂が選び決めてきた「生まれてきた両親・地域・家系」。プラスして、それに付随する環境25%。掛ける、生き方・在り方50%。

ここで伝えたいことは、運命は決められていて変えられないものではなく、自分次第で「いかようにも変えられる」ということです。つまり、自分で自由自在につくることができるのです。まずは、運命（人生）は変えられないという、しがらみから自分を解き放ってください。

「環境、生き方・在り方」は自分次第でいかようにも変えられます。ここは、簡単に変えられる人もいれば、自分で難しくしてしまっている人もいます。宇宙もこの世界もシンプルです。もし、「難しい！」と思っているのであれば、『自分で難しくしてないかな？』と自問しながら、運命の方程式に現在の自分自身を当てはめてみてください。そして、理想的な運命にするためには、どんな「環境、生き方・在り方」になったらいいか？を見直してみることです。

まっさらなニュートラルな存在

私たちは誰もが、宇宙の源から生まれてきた、まっさらでニュートラルな存在です。宇宙には何の制限もありません。その宇宙と同じ存在なので、本来あなたにも制限はないのです。これまでの人生で持ち続けてきた制限や枠など、「一切関係なく自由に決めていい」のです。

そうは言っても、すぐにはそう思えないときがでるかも知れません。そういうときは、

『あ、そうなんだ』

『制限や枠を持たなくてもいいんだ』

と軽い感覚で、自分の潜在意識に教えてあげることです。自分に許可を出してあげることが大切なのです。

過去のしらがみからの解放

私たちは育ってくる過程で、いろいろな概念を持つようになります。それは、社会・家・両親・遊び場・友だち・TV・教育などによって、信念体系がつくられます。または、過去の体験／経験・何気ない言葉・TVやネットからの情報・誰かとの批判などによって、セルフイメージがつくられます。また、自分の意思に反して勝手に働いてしまう脳の機能があり、それによって、魂の欠片／分身（不調和なエネルギー）がどんどんつくられていきます。

この脳の機能を知ることはとても重要です。知ることによって、

「自分の中でこういうことが起こっていたんだ」

「脳の機能で勝手に処理されていたんだ」

「あ、自分がダメだったんじゃないんだ」

「私が悪い訳じゃなかったんだ」

と、自己犠牲、自分責め、罪悪感などが一気に消えたり、少なくなっていきます。そして、脳の「自動操縦」から自由になり、自分らしい人生を歩むための第一歩を踏み出すことができます。

過去のネガティブと新しい記憶をつなげる脳のメカニズム

目の前で事象が起こって、新しいプラスの情報が入ってきた瞬間に、五感（視覚・聴覚・臭覚・触覚・味覚）を通して、脳に入ります。脳で一瞬にして過去に受けた強い情動記憶＝不快な情報と紐づけをし出して、自分の言葉・行動・しぐさなどでアウトプットされるのです。

このような脳のメカニズムになっているので、目の前で起こった事象は過去の記憶に勝手に紐づけられてしまい、現状に影響がでるのです。

しがらみを外す2つの秘訣

過去の記憶に縛られずに正しく情報を受け取るための、次の簡単な２つの秘訣があります。

①できるだけ柔軟な思考で過ごすように心がける
②これまで正しいと思っていたことの、すべてを疑ってみる

《自分の真実を取り戻すスペシャルワーク》

両親や家系の常識、学校や社会からの古い教え、周りの人の価値基準は、「自分以外の記憶エネルギー」です。自分ではないエネルギーをくっつけて麻痺した状態で生きているので、魂が持つ無限の可能性を閉じ込めてしまいます。自分以外の記憶エネルギーを手放さないまま過ごしてしまうと、たとえば、次のようなことが起こり出します。

・自分の心の声がわからない
・何が好きなのかわからない
・やりたいことがわからない

　つまり、自分迷子になってしまうのです。そうとわかれば、自分以外の記憶エネルギーを外して、自分の真実を取り戻していきましょう。

　次の４つをあなたのハートに問いかけてください。

◇自分の真実を取り戻すスペシャルワーク

・これは本当に、私の好きなものなのかな？
・これは本当に、私がやりたかったことなのかな？
・これは本当に、私にとって嬉しいことなのかな？
・これは本当に、私に必要なことなのかな？

　自問自答してみるとわかりますが、「そういえばあのとき、家族に言われて何となく始めたけど…」「本当は自分は…」と、案外自分の意見ではなかったということに気づきます。

　心の声は、聞いてこなかった分、小さな声になっています。ささやき声かもしれません。忙しい日々の中で、最初はその声がかき消されてしまうこともありますが、何度も繰り返し問いかけていくと、心の声が聴こえるようになります。心の声を素直に受け取れるようになり、自分の意思で物事を決められるようになる、ご自身を体験してください。

時間は未来から過去に流れる

時間は、「過去→現在→未来」に流れる、と教えられた人がほとんどですが、実際は未来から時間が流れています。「未来→現在→過去」です。

過去から時間が流れていると思っていると、過去の失敗やミス、「あのとき〜していたら、〜していれば」などの後悔の渦にのまれて、過去をずっと引きずって、過去を生き続けることになります。失敗やミスは存在しません。ただ、結果が予想と違っただけです。予想と違う体験から学ぶことで得られる経験は、かけがえのない宝物です。

私たちにとって大事なことは、結果よりも、その過程のプロセスです。過去の体験は気にしなくていいのです。もうこの瞬間から、時間は未来から流れる生き方にシフトしていきましょう。

未来を確定させる力は最強

99％近くは高次元の領域で完結しています。私たちは既に完成された未来を取りに行っている状態です。既に叶っている理想の未来をはやく受け取るには、「そうなる！」と未来を先に確定することです。

１００％理想が叶う前提なので、もの凄いエネルギーが動いて、理想の未来が叶うスピードが加速します。「どうせ上手くいく！」が口グセのあなたになり、準備されている未来を受け取りにいく感覚を楽しんでください。

3　思考、感情、呼吸……すべては道具だと把握する

すべては幸せになるための神聖な道具

私たちが普段当たり前に使っている「思考、感情、呼吸、脳、脳波、意図、言葉、行動、瞑想……」があります。

実は、これらすべてが人生を思いのままにつくるための、『神聖な道具』なのです。ただ、今はほとんどの人が、本来使いこなす道具に使われている状態です。たとえば、感情に流され、予期しない行動をとることがよくあります。または、無意識のうちにネガティブな思考に取り憑かれ、結果的に不幸な状況を引き寄せてしまう場合もあります。

神聖な道具の本来の使い方とは、「幸せにしかならない使い方」です。その使い方と、真逆の使い方になると、生きづらさを感じるようになります。思考とハートの位置も逆転したまま使っているからこそ、思考や感情にのまれます。呼吸も、浅い呼吸で、時には無意識のうちに止まっていたりして使いこなせていないからこそ、身体も心も疲れやすくなるのです。

幸せになるステップは自分の中にある

一度これらを、自分の手の中の神聖な道具であると認識すれば、その人生は大きく変わります。

それは、自分の人生を思いのままにコントロールできるようになるからです。言い換えれば、幸せになるためのステップは自分の中にあるということです。どんな状況でも、自分の思考や心や体をコントロールする力を持つことで、幸せな人生を手に入れることが可能になります。

神聖な道具のすべてを扱うと膨大な情報になります。ここでは、生きづらさを根本解消し、元に戻らない本来の自分になるための、重要な『呼吸、２つの脳と脳波、思考と心の位置』を見ていきます。

4　神聖な呼吸の本来の意味と使い方を知り修正する

幸せと解放感をもたらす宇宙とつながる鍵

呼吸は単なる生命維持の手段ではなく、それ以上のものです。それは私たちが宇宙とつながる神秘的な鍵でもあります。神聖な呼吸によって、潜在意識へアクセスし、自分自身に光を取り込むことができます。そこには調和とバランスがあり、その瞬間にすべてのエネルギーが調和し、光が流れ込む開放感をもたらします。

ものの見方、感情、思考・健康を変容する呼吸

呼吸の深さ・リズム・速さを変えることによって、体質・ものの見方・態度、健康や感情の状態、

そして精神的な明晰さの改善などを意識的に変容することができます。専門家の中には私たちが毎日摂取する毒素の75％が呼吸によって排出されているという権威機関による報告があります。深くいっぱいに吸って吐き出す呼吸は、内臓器官や下腹部の筋肉をマッサージして整えてくれます。

実際に取り組んだ60代の生徒さんは、腸セラピー（薬）や整体をずっと通院していたそうですが、1週間ほどで腸の動きが改善し出して、薬や通院しなくて済むようになった、という声をいただいています。

自分を守るために浅くなった呼吸

私たちは不快な感覚を避けようとして、無意識のうちに呼吸が浅くなります。不快な感情の体験を回避しようとして息を詰めると、制限が生じます。そして、息を詰めることによって感情を抑えます。すると、抑圧されるたびに感情が、潜在意識とエネルギー体（オーラ）に貯蔵されることになります。

このように感情を抑圧し、文字通り中に押し込めておくためには大量のエネルギーが必要で、結果として体中の中に慢性的な緊張が生まれることになります。

トラウマが記憶されている潜在意識にアクセス

深くリズミカルな呼吸法は、精神的／感情的トラウマが蓄積されている潜在意識にアクセスする手伝いをしてくれます。これらの内部に隠された問題に対処すれば、ハイアーセルフ（高次元の自分）を統合して、ハイアーセルフの愛の叡知にアクセスすることができるようになります。それによって、大いなる喜びと満足を持ってこの人生をより有意義に生きることができるようになります。

潜在意識からバランスが乱れたエネルギー（思考形態）を除去するにつれて、あなたの魂やハイアーセルフとつながる道が開かれていきます。

自分が誰であるかを思い出す

古代の人々は空気には「プラーナ」があるといいました。プラーナとは生命エネル ギーのことです。生命エネルギーが体内に入ると、あなたの波動周波数は増大し、感情は高揚し、幸福感が広がります。自分が本来、誰であるかを思い出し、これまでとは異なった行動をとるようになります。

自分が変わると、周囲の世界も変わります。

潜在意識にアクセス

トラウマが蓄積されている潜在意識にアクセスしやすくするためにも、神聖で深くリズミカルな呼吸法をとり入れてみてください。深い呼吸を行うと、脳にリラクゼーションシグナルが送られ、心身ともにリフレッシュできます。そのとき、私たちは一時的に潜在意識と接触することが可能になります。潜在意識にアクセスすることで、新たな知識や洞察を得て、自己解放につなげることができます。

リズムを取りやすいように、動画（ＱＲコード）を見ながらやってみましょう。上手にやろうとしなくて大丈夫です。

大切なことはご自身の感覚を感じることです。

神聖で深くリズミカルな呼吸法

① 身体の周りがキラキラとした神聖な光で満たされている、そんなイメージをしましょう。
（好きな光の色で大丈夫です）

② 眼を軽く閉じ、光と一緒に深く息を吸います。４秒かけて静かに息を吸い込みましょう。
（青い円の拡張に合わせて）

③ 息を吸ったら、さらに４秒間息を止めます。その間、心地よく静寂を感じてみてください。
（最大サイズの青い円が縮小し始めるまで）

④ 次に、４秒かけて息を吹き出します。
このときに、すべてのストレスや不安が体外に吹き飛んでいく感覚を味わってみてください。
（青い円の縮小に合わせて）

⑤ ４秒間、肺の中に空気がない状態を保持します。
（最小サイズの青い円が拡張し始めるまで）

通常の呼吸よりも長い時間をかけることで、深部の感覚に触れ、あるがままの自分と向き合うことができます。

４秒吸って止めて、吐いて止めて、は「ボックス呼吸」と言い、非常に簡単な呼吸法ですが、アメリカ海軍の特殊部隊でも取り入れられるなど、効果は実証済みです。生きづらさで凝り固まったストレスをゆるめ、解放する感覚を楽しんでください。

５【重要】２つの脳の本来の意味と使い方を知り修正する

２つの脳の力はバランスが重要

私たちは脳の10％以下しか使っていないと言われています。左脳と右脳、２つの脳はバランスのとれた状態、つまり、等しく使うことが本来の使い方です。

遥か昔、脳の２つの半球は調和のとれた形で使われ、分離していなかったそうです。しかし現代は、脳のバランスが乱れてしまい、思考優勢の左脳人間が多くなっている人が多いのが現状です。

左脳ばかりが優秀で、右脳が発達していないと、本来潜在している創造性や直感力などが引き出されません。だからといって、右脳に偏る使い方でもなく、左脳右脳、２つのバランスのとれた使い方が大切なのです。また、右脳ばかりを開花しようとする人もいますが、右脳ばかりを強化し、左脳に対して何もしないというのも間違い、ということです。

調和・バランスは脳波が鍵

80~90%の人は右脳をほとんど使わずに左脳だけを使い、その結果、思考のバランスが崩れています。その違いをつくっているのは『脳の周波数』です。集中的に思考するときやリラックスするとき、すなわちこれは、脳波の周波数を下げて思考するとき、右脳と左脳の活動のバランスを取ることができます。

脳波の周波数がゆっくりになる＝心がリラックス＝身体もリラックス

左右の脳にアクセスする魔法の脳波

物質世界の思考は毎秒16~20サイクルの周波数で行われます。

医師や科学者たちは理想的な思考の周波数は毎秒10サイクルの脳波周波数の中心的な領域で起こる、と結論を出しています。その脳波が「アルファ波」です。

アルファ波の状態でいると、左脳と右脳の両方にアクセスすることができます。この使い方になると、「直感やスピリチュアルなつながり」「創造的な潜在能力に１００％アクセスする」ことが可能になります。左脳と右脳の両方を使った思考は、ハイアーセルフや宇宙の叡知にアクセスすることを可能にしてくれるため、思いもよらないインスピレーションが起こり、日常もより効率的にこなせるように変容します。

・「左脳」＝（直線的・構造的・分析的）
・「右脳」＝（直感的・創造的・スピリット思考）

潜在意識・顕在意識・超越意識の統合

潜在意識が現実をつくっていますが、その潜在意識を構築しているのは顕在意識です。そして、超越意識は愛の意識で、宇宙やハイアーセルフの意識です。３つのすべての意識が統合して、愛の意識になると、生きづらい思考の人生から、一気に抜け出せます。

それは、宇宙の法則に沿うことになるので、宇宙に導かれ、守られ、援助を受けて、潜在的可能性を１００％実現することができるようになるからです。

自分＝意識は思った通りに自由自在に動く

私たちの本体は「意識」です。意識が自分自身ということです。この意識は、フォーカスするだけで思った通りに自由自在に動きます。

たまに、思考と意識を一緒にする人もいますが、別物です。思考は脳で考えること。一方、意識は「窓の外を見てください」と意識を窓の外に向けるだけで、あなたの意識は窓の外に移動します。または、「銀河の渦巻の中心をイメージしてください」と意識を向けた瞬間に、あなたの意識は銀河の中心に移動して、神聖なエネルギーをチャージします。「地球の中心にフォーカスしてください」

と意識を向けた瞬間に、あなたの意識は地球の中心に移動して地球とつながります。

ご自身の意識は、「思いのままに自由自在に動く。それは、フォーカスするだけでいい」と、潜在意識に教えてあげてください。これだけでも、見える世界も変わりますし、この後の、アルファ波になるレッスンでは必須になります。

思考と心の位置を正しく戻す

幸せにしかならない本来の思考と心の使い方では、まず使うための位置が大事です。思考の声で心の声がかき消されてしまうのは、思考と心の使い方が逆転しているからです。

本来は心の下に思考が位置するのです。今はほとんどの人が、思考の下に心が位置して、入れ替わってしまっているのです。この位置を正しく戻すのが、アルファ波になるレッスンです。

アルファ波になるレッスン

これから行うのは、あなたの意識が小さな光の球体になるのをイメージして、そのあなたの意識をゆっくりと降下させて、脳・喉を通りハート（胸）まで、球体となったあなたの意識を、ゆっくりと降ろしていきます。身体の中で遊ぶように、楽しみながらやってみましょう！


【準備】

リラックスできる体勢で、姿勢を真っすぐにしてください。立っても座ってもかまいません。

【レッスン①】

目を閉じて意識を、頭上のクラウンチャクラに置きます。

【レッスン②】

あなたの意識が小さな光の球体になるのをイメージします。

このとき意識はクラウンチャクラ（頭頂部）の少し上からクラウンチャクラに降りてきているイメージです。

【レッスン③】

息を吸いながら、意識の光の球体を「目の奥の脳の中心まで」降ろします。

そのまま息を吐きます。

【レッスン④】

今度は息を吸いながら、意識の光の球体を「喉まで」降ろします。

そのまま息を吐きます。

【レッスン⑤】

息を吸いながら、さらに意識の光の球体を「ハート（胸）まで」降ろします。

そのまま息を吐きます。

【ポイント】

光の球体に意識を添わせるので、光の球体から周りを見る感覚です。このときに、イメージしようとすると思考が働いて、アルファ波になりにくいです。イメージではなく、「こんな感じかな」と感覚を楽しんでください。

思考からの解放、自分の本質とつながる

思考の声がなくなっていたら、アルファ波の状態になっています。思考とハートが正しい位置にある状態です。ストレスを感じたときや疲れているときは、特に有効です。

そして、アルファ波で日常を過ごせるようになればなるほど、本来の自分の基礎がどんどん構築されます。思考からの解放、自分の本質とつながる感覚を楽しんでください。

6　潜在意識の13の特性

最幸な人生になるよう潜在意識を使いこなす

過去世、家系のカルマを含む、これまでの今世すべての記憶・情報が詰まっているエネルギー領域が、潜在意識です。その膨大な情報の中から、「私は○○だ」「いつも○○になる」「常に○○な人生だ」と、あなたが信じている世界をそのまま現象化してくれます。

ただ、自分では気づかずに動いている深層心理なので、顕在意識では「こんな人生は望んでいない」となります。要は、目の前の世界はご自身の信念体系が映し出された世界なのです。あなたの信念体系を知り、自由にコントロールできるようになれば、生きづらさは自ずと解消されていきます。

潜在意識は、あなたの人生を幸せにするための「神聖な道具」ですから、あなた自身で使いこなすことができます。

そのためには、潜在意識のしくみを知っておく必要があります。潜在意識に振り回されるのではなく、自分で使いこなして、最幸な人生にしていきましょう。

現状の信念体系を知る

生きづらさをつくる信念体系を知ることは簡単です。

1つでも気づいたら、その信念体系を変えていくことで、本来の自分を取り戻せていきます。次の質問を自分にしてみてください。

◇あなたはいつも、

・どんな自分だと思っていますか?

・いつもこうなる、と思うことは何ですか?

例）私は愛されない、私は話しを聞いてもらえない、私はいつも雑に扱われる、

潜在意識にある信念体系は変えられる

最新の情報では、潜在意識は97〜99・99%、顕在意識は0・01〜3%の力で、目の前の世界

がつくられていると言われています。ほぼほぼ、潜在意識の力で現実がつくられているので、自由にコントロールしていくためにも、潜在意識の特性を把握して、「日常生活で生きづらさを助長する使い方をしていないか？」と、気づく必要があります。気づくことによって変えることができ、軽やかでのびやかな本来の自分にグンっと近づきます。

使いこなすには潜在意識13の特性を熟知する

理想の人生にシフトしていくためには、潜在意識を味方にすることです。そのためには潜在意識の特性を知っておく必要があります。ここでは、13個ある特性を熟知していきましょう。

① 言葉だけより、画像データや五感と合わせたときが、一層強く反応する

潜在意識は、24時間365日、言語や五感（視覚・聴覚・嗅覚・味覚・触覚）を通して、様々な情報を取り入れています。

つまり、24時間365日、私たちが触れている言語・情報は潜在意識に影響を与えているということになります。ですから、触れる言語や情報をコントロールすることが重要になります。

② より感情が込められたものに強く反応する

潜在意識は、感情がともなったものに強く反応します。楽しい・面白いと感じるものは潜在意識

が反応し、遊びでも勉強でも記憶に残りやすくなります。そして、それ以上に、恐怖や不安、悲しみなどのネガティブな感情を伴ったものは、潜在意識は特に強く反応するようになっています。日本では古来より「言霊（ことだま）」と言って、言葉には素晴らしい力が宿っていると言われていますし、聖書でも「まず、はじめに言葉ありき」と言われています。

感情が強く込められた言葉は、より「潜在意識」に強く働きかけるのです。言葉にしただけでワクワクするようなイメージをインプットしましょう。

③　何度も何度も繰り返されたものに反応する

これは「海馬」が、「これは生きていくために必要な情報だ」と認知するためです。潜在意識は繰り返されるものを重要だと判断して、記憶するようになっています。

ですから、潜在意識を修正したい場合は、繰り返し理想をイメージすることや、理想に向かうために行動を毎日繰り返すことで強く潜在意識にインプットされていきます。

④　現実と理想のイメージを区別できない

「レモンを想像してください」と言われると、多くの人が食べてもいないのに、口の中に唾液が分泌されるでしょう。つまり、成功のイメージを何度も繰り返しインプットすれば、実際に何度も成功したのと同じことだと認知されるのです。ですから、実際に目の前になくても理想をイメージするだけでも潜在意識に影響を与えることができます。潜在意識にインプットしたい理想のイメージが湧いてくるような、情報や映像、言葉などを上手に使っていきましょう。

⑤ 否定形を理解できない

今度は、「レモンのことは想像しないでください。あの酸っぱさを想像しないでください」と言われても、あなたの口の中にはやっぱり唾液が分泌されるでしょう。

潜在意識は、否定形を肯定形として理解してしまうのです。「失敗しないぞ」と強く意識すればするほど、失敗のイメージをインプットしてしまうことになるので、「どうせ上手くいく！」とシフトしましょう。

⑥ リラックスしているときに働きやすい

緊張しているときよりもリラックスしている時の方が、潜在意識には働きかけやすくなります。朝起きたばかりや夜眠る前やお風呂のときなど、意識がボーッとしているときなどが、絶好のタイミングなのです。

ですから、朝起きたばかりや夜眠る前に「自分がどんなことを考えているのか？」「思っているのか？」を意識すること。そして、あなたの毎日の生活の中で緊張から解き放たれ、完全にリラックスできる時間を意識することが大切です。

⑦ すべてを１人称として理解する

潜在意識は、主語を理解することができません。他人の成功をイメージすれば、影響を受けるのは自分（１人称）となり、自分の成功をインプットしたことと同じになります。逆に、他人の失敗をイメージすれば、自分の失敗をインプットしたことと同じになりますので注意しましょう。

例えば「○○さんのことが嫌い」「○○はダメな人」という、批判や悪口があります。潜在意識には○○さんは理解できません。「嫌い」「ダメな人」の部分だけが潜在意識に作用し、批判や悪口の負のイメージが、自分に返ってくるということです。逆の「○○さんって素敵」「○○さんは凄い」という賞賛や好意も自分に返ってくるのです。

⑧ 「よい／悪い」の概念がない

潜在意識は常にニュートラルなので、本人にとって善か悪か、損か得か、快か不快かということを判断できません。つまり、ネガティブな感情で常にいると潜在意識は、それを本人が望むものだと判断をして、ネガティブなことを引き寄せてしまうのです。なので、理想の自分だったらどんな感情かな、と意識することで、これまでのネガティブな感情パターンを変容していけます。

⑨ 時間と空間の概念がない

潜在意識は過去・現在・未来の区別がつきません。つまり、過去の体験を思い出すことも、未来のイメージを描くことも、潜在意識は「いま体験している」と捉えるのです。

悲しい、苦しい、辛い、嫌なシーンを何度も繰り返し思い出せば思い出すほど、その体験を今も体験していると認識し、生きづらさを味わうことが起こり続けます。

楽しい嬉しい思い出や理想の未来を思い浮かべましょう。

⑩ 変化がキライ

潜在意識は、変化＝危険と捉えます。今の慣れ親しんだ安全な状態を守るために、新しい行動を避ける特徴があります。「昨日と同じ状況であれば、今日も安全に生きられる可能性が高い」という認識です。だからこそ、潜在意識は変わろうとすることに「待った！」のブレーキをかけて戻ろうとします。

⑪ 具体的な問いかけには、具体的な答えを返してくる

潜在意識は問いかけをすることで、その答えを探し始めます。

グーグル検索のようなものです。グーグルに適切なキーワードを入力することで、より自分の得たい情報にアクセスできるのと同じように、具体的な問いかけをすることで、潜在意識はより具体的な答えを探し出してくれるようになります。

よく言われる目標設定で「痩せたい」よりも「90日で8キロ痩せたい」というように、具体的な

イメージを持つことが大切になります。

⑫　深いレベルでは皆とつながっているため、周りにも影響を与えることが可能

「潜在意識」は深いところで誰とでもつながり合っています。つまり、イメージを強烈に描くと、周りの人にも影響をおよぼすことが可能となるのです。思いもよらないところから答えがやってきたり、助け舟が出されたりすることがありますが、これはそういうことなのです。

⑬　潜在意識に書き込まれた情報は消えない！

潜在意識はデータベースなので、一度、潜在意識に書き込まれた情報は消えません。しかし、調和の状態に「綺麗にして上書き」ができます。潜在意識のネガティブな信念体系に気づいたら、どんどん上書きしていくことで、古い制限を取りはらった本来の自分が姿を現し始めます。

7　宇宙と一体になることで得られる未来

魂が喜ぶ瞬間

これまで宇宙の叡知をはじめて学んだ受講生さんたちが、揃って言うことがあります。それは、「一気に軽くなりました」。これまでの制限や狭い枠の中での息苦しい生き方から、意識を解放することで、あなたの波動エネルギーは一気に軽くなります。

また、「あっさりと自由への道が開かれました」「幸せになるのは権利なんだと知って、ホッとしました」などの喜びの声をいただく度に、そして、キラキラ輝きだす瞳を見る度に、その方の魂が喜んでいるのが伝わってきます。宇宙と一体になること、それはまるで魂が喜ぶ瞬間を経験するようなものです。抱えている悩みや不安も、宇宙のエネルギーの中に溶け込み、解消されていくことでしょう。あなたが宇宙と一体になることで、あなたの人生は変わります。

問題を即解決し迷わない生き方

宇宙の叡知は、本来の自分になるための大切な「生き方の指針」を思い出させてくれます。何回も繰り返し自分自身に落とし込んでいくと、自分の視座がどんどん上がっていきます。視座が上がることは、自分の次元が上がることです。

アルベルト・アインシュタインが、「いかなる問題も、それが発生したのと同じ次元で解決することはできない」という、名言を残しています。

宇宙の叡知で視座が上がったあなたは、問題ができても悩み続けることはなくなります。なぜなら、瞬時に解決できてしまうからです。これまで、問題を持ち続けていたのであれば、その解決するまでの間は彷徨っている状態です。その彷徨っている時間がなくなり、代わりに笑顔溢れる時間が増えます。もうあなたは、軽やかな生き方を手に入れることができます。

宇宙とつながり、浄化と創造への扉を開く

日々、過ごす生活そのものが、宇宙とのつながりによって成り立っています。そして、宇宙とつながる以前に、地球ともつながっていることを理解してください。

地球とつながればつながるほど、宇宙とのつながりがより強化されます。それだけでなく、負の感情が大地で浄化されて地球の愛のエネルギーと供に戻ってきます。ただ、現代の情報化社会は、

・デスクワークで外に出なくなる
・コンクリートやゴムの靴で地球と遮断される
・技術の進化による心地よさや便利さから家にこもる
・日々の生活に追われて終わっていく生き方

などで、地球とつながっていない人が多くなっています。これでは、五感も鈍くなり、創造の宇宙エネルギーがスムーズに流れません。

地球と宇宙と繋がった状態で生活をすることは、ネガティブな感情に振り回されたり、自分を抑えたりする生活をリセットすることができます。そして、直感や宇宙からのメッセージをキャッチして、思いのままの人生を創造していくことができるように変わります。

そのためにも、地球と宇宙とつながることを意識していくことが、魂本来の生き方をするための何よりも重要な基本なのです。地球と宇宙とのつながりを再認識することで、ネガティブな感情が浄化され、創造の宇宙エネルギーがスムーズに流れ、すべてが円滑に進行する世界につながります。

ハイアーセルフと協働でつくる生きる指針

どんな人も、見える世界だけでは生きていません。宇宙と地球とつながりながら、そして、あなたのハイアーセルフや守護天使・ガイドたちの高次元のチーム、ご縁ある神様・女神・仏様・大天使…たちと、「一緒に人生をつくっている」のです。

この根本的な『心の土台』が、本来の生き方の指針となる部分です。この宇宙には愛しかありません。「私ひとりで頑張っている」と思わなくていいのです。宇宙やハイアーセルフたちは、あなたと常につながり、側で見守ってくれています。

そこにあなたの意識が向き始めると、シンクロやメッセージ、インスピレーションなど、さまざまなギフトが舞い込みはじめて、あなたの人生のサポートが強化されはじめます。

本書に巡り合った大切なあなたが、宇宙の叡智に沿った生き方にどんどんシフトして、「生きづらさ」が解消されはじめ、「本来の自分」に近づき、よりあなたの魂が光り輝く幸せな人生を取り戻せますように。

第4章　インナーチャイルドの先を行く
「魂の統合」

1　インナーチャイルドセラピーや内観などでは統合できない理由

統合とは

私たちはエネルギーでできています。赤ちゃんのときの調和のとれたエネルギーが、いろいろな体験をしてカルマやトラウマ、心の傷などでネガティブな「感情」を感じるたびに、調和のエネルギーの一部が不調和なエネルギーに変容して分離します。

分離したまま放っておくと、自分自身を理解する力、自分を愛する力が欠けてしまい、生きづらさを感じたり、自分の力が出せなかったり、本来の自分ではない状態で過ごす人生になります。

分離して欠けたら戻せばいいのです。その不調和なエネルギーを調和の状態に戻すことを「統合」と言います。

統合の手前止まり

心理学界では「インナーチャイルドは統合しない限り繰り返す」と言われています。そして、インナーチャイルドセラピーをしているプロのセラピストでも、最後までキチンと統合することを知らないことが多いです。もちろん、インナーチャイルドセラピーは素晴らしいものです。ですけど、残念ながら、最後までキチンと統合する『手前止まり』で終わってしまうのです。

手前止まりなので、モヤモヤが残ったり、感情にコントロールされたり、現状が変わらなかったりします。内観／内省なども同じです。こんなにもハッキリと言えるのは、私自身、その状態を長年、彷徨った後に、衝撃的な真の統合を経験したからです。インナーチャイルドセラピーの「先」に、『魂の統合』があったのです。

大事な宝を守っている光の存在

魂の統合を経験したことで、本来の役割を知ることができました。その役割を知ってからは、私のところでは、インナーチャイルドとは呼ばずに、「魂の欠片／分身」と呼ぶようになりました。

実は、魂の欠片は、あなたの大事な大事な『魂の願望を守ってくれている、光の存在』だったのです。魂の欠片が生まれた当時のあなたの魂の願望を、大切にずっと守っているのが、魂の欠片なのです。そして、大きなトラウマや心の傷などは、欠片から成長し、魂の分身になります。

「魂の欠片／分身」と呼ぶのはこの役割だけでなく、インナーチャイルドのイメージが統合しにくくしている場合もあるので、敢えて「魂の欠片／分身」であり「光の存在」と呼んでいます。あなたに光を見つけてくれるまで、ずっと大事に守ってくれている、大切な愛おしい存在なのです。

統合が難しいと感じるワケ

インナーチャイルドと聞くと「悲しい、可哀そう、傷ついた自分」などのイメージを持つ人がたくさんいます。だから、向き合いたくないとなり、本来の自分になる道から外れてしまいます。これでは元も子もありません。インナーチャイルドは、決して「悲しい、可哀そう、傷ついた自分」ではなく、魂の願望をずっと守ってくれている光の存在ですから、基本的に楽しみながら統合していきます。

ただ、そうは言っても、最初はどうしても抵抗がでてくることがあります。人は、自分自身を守ろうとして「否認」や「無視」することで、不愉快な経験や感情から逃げようとするからです。なので、魂の欠片／分身たちの、本来の役割を知り、根本的な概念を変えていくことがとても重要なのです。実際に、魂のゆがみ修復に参加した方は揃って、「正直、最初は嫌だなと思っていたけど、今は自分が愛おしくてしょうがないです」と、言葉にするご自身へと変容しています。

体感でわかる軽くなる波動

最後までキチンと統合すると、いったいどんな状態になるのか？

不調和なエネルギーが調和のエネルギーに戻ると、一気に波動が軽くなるのを体感できます。

魂統合をした方たちの、一部の声を紹介します。

「胸にミントの風が吹いています」

「何を話していたのか、悩んでいたこと自体忘れました」

「内側から笑いが込み上げてきます」

「身体が軽くて、気づいたらスキップしていました」

「こんなに身体が軽いのははじめてです」

何をやっても変われずにモヤモヤしていた人からすると、インナーチャイルドセラピーの統合がすべてと思ってしまうと、先が見えなくなる人もいるかもしれません。そうではなく、最後までキチンと統合する魂統合がある、と希望の光を感じていただけたら嬉しいです。

宇宙はたとえ自分がどんな状態になっても、必ず本来の自分になる道を用意してくれています。あなたの魂の目的には、軽やかな波動の本来の自分に還る目的があり、その道を選び歩むのを、まだかまだかと待っています。もうあなたは、本来の自分に還って、美しく輝く魂の光を解き放っていいのです。

最後までキチンと統合すること。これこそが魂が目指すことです。ネガティブな感情を浄化し、自己と統合することによって、新しい自分に目覚め、より豊かな人生を手に入れることができます。

あなたが内なる世界に秘めた魂の声に耳を傾け、「魂統合」を用いて自分自身を深く理解することが、真に自己を統合する第一歩です。あなたが見つけ出す希望の光が、あなた自身の心を強く照らすことでしょう。

2　魂の統合を加速する準備「書く瞑想」

自分を知るのではなく『知ってあげる』

統合するためには、あらゆる自分を知ってあげることが必要不可欠です。自分を知る、というよりも『自分のことを知ってあげる』のです。

この世界は一秒たったら、もう過去の自分です。今この瞬間にいる自分が、最新の自分ということです。別の存在として、尊重した視点で、自分自身を見てあげることが大切であり、この視点が、「本来の自分の視点」です。

これまですべての自分を同一視してきたのであれば、この本来の視点を持ち始めることで、一歩引いた軽い波動のあなたになり、魂の欠片たちと切り離せるので、魂の欠片をとても見つけやすくなります。

想像以上によい影響がある「書く瞑想」

自分自身を知ってあげることは、魂の統合に欠かせないステップです。というのも、自分自身を知らなければ、自分自身と潜在意識レベルで深く対話し、魂統合することは不可能だからです。

普段から周りを気にして、自分以外に意識が飛んでいる人ほど、自分自身のことを知ってあげにくくなっています。そして、「どうやったらいいの？」と自分を知る方法もわからない状態です。自分自身を知ってあげるためには、まずは「気づく力」が必須になってきます。そのための準備として「書く瞑想」があります。

この誰でもできる、書く瞑想はシンプルに「書き出す」ことです。書く瞑想をすることで、まさに自分との対話ができるようになり、気づく力をどんどん養うことができ、魂の声をキャッチすることができる素晴らしいツールです。

「書くのが面倒くさい」と思う人もいるかもしれませんが、身体を持っている限り、身体という道具を実際に使う。つまり、手の筋肉を使って書き出すことは、脳・五感覚・言霊・潜在意識など、色々な面で想像以上に大きくよい影響を与えるのです。

また、「そうは言っても」と書く習慣がない人は、最初の一歩が踏み出しにくい、ということがあるだけなので、最初は3～5分など短い時間を決めてスタートしてみてください。

魂の欠片の発見と、ヒーリング効果もある

書き出して言葉にすることで、自分の中のエネルギーが形となり、3次元世界に存在することになります。

要は、同一化していた自分から切り離して、1つの存在として見てあげることができるようになるのです。すると、いろいろな感情を感じた魂の欠片たちを見つけることができます。

その中で、マイナス感情は浄化されストレスが緩和されていきます。そして、プラス感情は、つい見過ごしていた感情を改めて味わえるので、感謝エネルギーが増幅して心の充足にもつながります。
実際に書く瞑想を始めると、「こんなこと感じていたんだ」「すごくスッキリする」など、自分の中が整理されて、おどろきと発見が生まれるでしょう。

やってみよう！　書く瞑想STEP①

1日1回、その日を振り返って、次のことについて、箇条書きで書き出します。
「あなたの感情、気分、エネルギーを下げたものは？」
「あなたの感情、気分、エネルギーを上げたものは？」

【例】

エネルギーを下げたものは

・上司から気になることを言われた
・仕事で出さなければいけない報告書をまた先延ばししてしまった
・イライラして子どもに怒ってしまった

エネルギーを上げたものは

・自分の時間をゆっくり30分もてた
・家族と一緒にご飯を食べることができた

・上司から「資料わかりやすいね」と褒められた

【ポイント】

どんなことでもいいので、瞬間的に思いついたことを吐き出すように書くこと。

魂の欠片たちの発見やヒーリング効果を実感したいなら、次の「自分との対話」の実践がオススメです。

やってみよう！　書く瞑想STEP②

STEP①で出た事象や感情の「1つ」にフォーカスして、今度は自分と対話形式で書き出していきます。

「今、何が一番いやなのか、つらいのか？」

「今、一番よいと感じていることは何か？」

【例】

「今、何が一番いやなのか、つらいのか？」

何か忙しいのに、達成感がない。やることが多いし、やっていることは嫌いなこともあるけど、好きなこともある。1つひとつ楽しめてない。なにか不安と焦りがあるかもしれない。なぜだろう？この仕事のままでいいのかと思っているのかもしれない。何か他にもっとできることがあるのではないか…というよりも、もっと自分を活かせる仕事をしたいのかも知れない。

「今、一番よいと感じていることは何か?」

1人の時間を持てることに喜びを感じている。慌ただしい、日常の中でひとときの安らぎの時間だ。自分自身を大切にしてあげられるし、ちゃんと労うことができる。自分だけの時間を持つことが、私にとってとても重要。改めて、貴重な時間を持てることに、有難みと幸せを感じている。


【ポイント】

こちらは文章形式で書き出します。日本語がおかしいと思っても気にすることなく、そのまま書いていきます。思考で自己分析したことではなく、心に浮かぶ言葉をすべて書き出します。

不安や焦りが浮かんだら、「不安で焦っている、なぜだろう?」と書いて、そのときの感情を素直に言葉にしていきます。連想ゲームのように、湧き上がってくることをどんどん書き出します。

自分の内面を見るクセを持つ

魂の欠片たちはあなたの内面にいます。教育や両親の教えなどで持つようになった、自分の外面にばかり意識が向くクセを、自分の内面に向けるクセに変えていくことで、本来の自分への入口に立つことができます。

書く瞑想で自分の内面に意識を向けて、自分との対話をすることで、
・自分が何を感じているか?
・大切にしていることは何か?

・あなたの魂は一体何を求めているのか？
・魂がどのようにあなたを導いているのか？

などを、自分で見つけ出すことができるようになります。

魂の状態をキャッチするために

思考の声よりも重要なのは、心の声であり「感情」です。感情は体の中から湧き上がり、私たちの内面、つまり魂の状態を伝えています。

自分の内側を見る習慣を身につけて、あなたが豊かで光り輝く人生を歩み始めることができますように。

3　起こった事象を事実と解釈に分ける観察者になる

人生の物語をつくっている重要な２つ

本来の自分になるために、あなたが今つくっている「人生の物語」について、知っておくべき重要なことが２つあります。

それが、「事実」と「解釈」です。日常で起こるすべての物語には「事実」と「解釈」、この２つが隠れています。

・事実　＝　実際に起こった事柄、偽りのない事柄
・解釈　＝　自分はどう理解したか、主観が入る

私たちは、実際に起きた事実を見聞きして、自分の解釈をくっつけて、人生の物語をつくり上げています。なので、現実だと思っていることも、実はこの「事実」と「解釈」でつくられているのです。

人生の物語が、何でできているのか？　を知ることで、人生を思いのままにつくっていける本来の自分に近づいていくことができます。

分けるだけで驚くほど世界が変わる

日常の生活をしていると、仕事や家庭内でも、嫌な気持ちになってしまったり、『どう思われているのか？』と周りの目がついつい気になってしまい、気持ちよく日常を過ごせないという時は、事実と解釈がピッタリくっついている状態です。

本来は、事実は事実、解釈は解釈、と別々に見る必要があるのです。ですけど、私たちは両親や学校などで教えられてこないので、この2つは一体化しているものだと思い込んでいます。例えば、よくある話で見てみます。

「○○さんに、あいさつしたのに無視されたから嫌われている」

これは事実と解釈がぴったりくっついている状態です。これを分けると・・・
事実＝「あいさつが返ってこなかった」
解釈＝「無視されたから嫌われている」

実際は、無視されたのではなく、考え事をしていて気づかなかっただけかもしれません。

事実はただ起こったことで、それ以外の、「推測」「感情」、悲しい・悔しいなどの「〜いで終わる形容詞」はすべて解釈になります。

生きづらさやトラブルは、この２つをくっつけている限り、起こり続けます。否定的な解釈からは、否定的な感情しか生まれません。その感情が潜在意識のエネルギーとなり、現象化し続けます。肯定的な解釈からは肯定的な感情が生まれ、よい感情のまま日々を過ごせるようになります。わずかな違いですが解釈の違いによって、それまでの人生の物語が全く違うものになっていきます。

なので、この「事実」と「解釈」を分けることは、生きづらさの問題を解消して本来の自分になるために、想像以上に重要なことになってきます。

この２つをキチンと別々に分けて見るだけで、驚くほどあなたの世界は変わり出します。

脳を守るために生きづらさを引き起こす

「また怒ってしまった」「私のせいで怒らせてしまった」と、自分を責めてしまう人も多いのではないでしょうか。でも大丈夫です、自分が怒ったことや相手が怒ったことは、決して自分のせいではありません。そして、誰のせいでもありません。これは、脳の機能がそうさせているだけです。

脳は見たり聞いたりした情報を、すべて「過去の情動記憶と紐づける」機能があるとお伝えしましたが、脳は新しい事象を見ると、一瞬にして情報の整理をし出します。この機能は、脳を守るためです。特に、目から入る情報量は、それはそれは膨大な情報量なのです。人間が得る感覚情報の80％以上が、視覚から得ています。ですから、全部の情報を脳に一気に入れるとパンクしてしまうので、過去の情動記憶と紐づけて、整理をして脳を守っているのです。

脳が紐づけるのは過去の情動記憶なので、あなたが急激な感情を感じた記憶です。「喧嘩を見たシーン」と「平和に会話しているシーン」を見たときに、あとで思い返してみると喧嘩を見たシーンのほうが記憶に残りやすいのは、何かしらの急激な感情を感じるからです。なので、「また怒ってしまった」「私のせいで怒らせてしまった」と自分を責めるのではなく、脳が『過去の記憶と紐づけているんだな』と捉えるようにすることです。そうすることで、一旦、冷静になって事実と自分自身を見ることができるようになります。

抜け出せないネガティブなループから救う『観察者』

そうは言っても、これまでの自分のままで、長年くっつけてきた事実と解釈を分けられるようになるかというと、難しいものがあります。どうしても感情にのまれて自分を見失ったり、長年繰り返し強化してきた反応パターンでついつい条件反射してしまったりするからです。

目まぐるしく忙しい日々を送っていても、ふとした瞬間に不安や焦りがこみ上げてくる。そんな抜け出せないネガティブなループから救ってくれるのが、『観察者』です。

スピリットが肩に止まった生活

観察者とは、自分自身の感情や思考、行動を第三者の視点で客観的に捉える自分です。自分自身を客観的に観察することで、直感的に反応するのではなく、落ち着いた視点で物事を見ることが可能になります。

観察者になるコツは、自分の肩にスピリットが止まった視点で生活することです。つまり、肩に止まった視点から、自分を俯瞰して見るということです。スピリットでなくてもハイアーセルフや天使など、あなたが好きな存在たちが肩に止まっているとして、観察者になるのがオススメです。

参加した生徒さんたちは、妖精や龍などを肩に止めて、楽しみながら観察者の視点で生活することで、だんだん事実と解釈を分けられるようになり、たった数か月で軽やかな波動に大きく変容されています。

魂本来の自分の視点で軽やかな生き方になる

なぜ、この観察者の視点なのか？　というと、いつもこの視点で生活するのが、「魂本来の自分」

だからです。

3つのエレメントの1つである「宇宙の叡知」でもお伝えした通りに、思考や感情、解釈など、すべての道具は1つ1つ切り離してみるものです。そのための観察者の視点を持つことで、すべてをくっつけて一体化した、生きづらさを感じる生き方から、1つひとつの道具を尊重して使いこなす、軽やかな本来の生き方になります。

自分自身を「観察者の視点」でみることは、ネガティブなループから抜け出し、ポジティブな変化を起こすための非常に有効な手段です。

日々の生活の中で気づかないうちに自己否定的な思考に陥っている方、ネガティブなループから抜け出すのが難しいと感じている方もそうでない方も、観察者になることで、はやく変化を感じられます。人生を思いのままにつくっていける本来の自分に、どんどん近づいていくご自身を楽しみながら感じていきましょう。

4　潜在意識にある不安・恐怖の「種」を顕在意識に上げる

根本解決への一歩

目の前の現実世界は、潜在意識の状態が映し出された鏡の世界です。日常味わっている「外の世界からやってくるかに見える様々なチャレンジ、揺さぶられる体験」は、あなたの内側の奥にある不調和なエネルギーが呼び寄せています。それらの不調和なエネルギーは、過去世を含め、これまでの体験から負ってしまったトラウマや思い込みを手放せていないために残っています。

不安や恐怖を何かしら感じるときは、潜在意識に「不安や恐怖の種」があるわけですが、自覚できないので自分ではわかりません。その「種」を自覚できるように顕在意識に上げて、見つけ解消することが根本解決する第一歩です。

顕在意識で「不安や恐怖の種」を知ることができないと、波動エネルギーを濁らせる魂のゆがみの原因となっている、トラウマやブロックの癒しや手放し、そして、このあとの大事な魂の統合がなかなか進みません。ですから、まずは潜在意識を顕在意識に引き上げることを行います。

潜在意識の奥にある「種」を顕在意識に引き上げる

潜在意識の奥に隠れているものを顕在意識に引き上げるのが、内観して自分に向ける問いかけやメタ質問です。自分自身の内面を深く深く掘り下げていって、内面にどのような「種」が残っているのかを、顕在意識で見つけ出していくことができます。

一度、顕在意識に上がってくれれば、解放・浄化へつなげることができます。

大きな幸せを呼び寄せ、変容のキッカケとなる力を養う

このとき大切なことは、変容のキッカケとなる「自分の気づきの力」を養っていくことです。自

分の中に気づく力がないと、潜在意識の奥の「種」までたどり着けないどころか、その手前のブロックや心の傷の癒し解放ができなくなっていまいます。

「気づきの力」は、潜在意識を顕在意識に引き上げるだけでなく、日常の小さな幸せやメッセージやシンクロをキャッチすることにもつながっています。小さな幸せを見つけて感謝することが、大きな幸せを呼び寄せます。

幸せな本来の自分になるためには欠かせない力ですから、魂の欠片／分身を、楽しく愛おしい想いで見つけていきましょう。

5　解釈で感じた感情の道具（ツール）を見つけ受容する

問題のほとんどは未完了の感情が引き起こす

感情という道具は、魂にとってなくてはならない神聖な道具です。また、潜在意識にとっても、感情はガソリンの役目があります。この感情を、感じなかったり、見ないフリをしたり、なかったモノにしたり、我慢して抑えてしまうと「未完了」の状態になり、モヤモヤ・イライラが起こります。そして、この感じてもらえない感情エネルギーは行き場がなくなるので、どんどんどんどん増幅していきます。

たとえば、あなたが『本当はこうしたい』と思っても行動に移せないで我慢が続くと、イライラしたり、ちょっとしたことで怒り易くなったり、普段なら何でもないことなのに、相手を責めるようなことを言ってしまったりするかもしれません。

これらの問題は、未完了の感情が引き起こしているのです。しかも、繰り返し起こる似たような問題には、未完了の感情の共通の根っこがあります。この未完了の感情を完了すれば、解決していきます。

『問題の８割は、感情を完成させれば解決する』と言われているほどですから、感情を生み出している根っこを解決するためにも、自分が感じた感情を見つけてあげることです。

感じてはいけない不要な感情はない

感情を見つけて完了する準備として、ネガティブな感情に対する間違った考えを払拭する必要があります。過去の私もそうでしたが、ほとんどの人がマイナス感情に対して、

「感じてはいけない」

「感じたくない」

「そんな感情を感じる自分はダメだ」

「感じて醜い自分になりたくない」

などと、そんな風に無意識で思っています。ですけど、魂や宇宙の視点からみると、どんな感情も必要だから、この世界にあるのです。この世界に存在するどんな感情も、感じていいのです。感

じてはいけない不要な感情は一切ありません。

もし、あなたが「感じてはいけない」と思っている感情があるなら、もうその古い考えを手放すときです。

魂や宇宙の視点で「感情」を理解&認識する

どんな感情も魂にとって大切な宝物です。さらには、地球を選んで次元降下してきた私たちの魂が、感じることができる特権の1つが感情です。波動が軽い高次元の世界では、感情を感じたくても感じられないのです。

感情は、魂の視点・宇宙の視点から見ても、立派な1つの神聖な道具です。この認識を持って、次のことを常に意識した日常を過ごしてみてください。


【神聖な道具の1つとして感情を理解する】

- 魂は感情を感じたい
- 見つけてもらうのを待っている魂の欠片は「感情」が鍵を握っている
- 感情にも意思があり、感じてもらいたがっている
- 感情に「よい・悪い」「善・悪」はない
- どんな感情も必要だから存在する

・魂レベルを上げ成長するために必須
・感情を通して学び、人としての器を拡げる
・すべての感情を受容した分だけブレなくなる

未完了を完了するにはエネルギーの性質を使う

未完了の感情を完了させるには、そのとき感じた感情を、誤魔化さない・抑えない・無視しないで、認め感じることです。感情エネルギーは、ガソリンと一緒なので、感じてあげることによって消費されて完了させることができます。

しかし、未完了の感情の解決法を知ったとしても、そもそも自分が「どんな感情を感じているのか？」に気づき掴めなければ、何も始まりません。完了して解放したいなら、自分が感じている感情を「見つけて掴む」ことです。

プロでも勘違いする感情を見極める

私には難しいと思う人もいるかもしれませんが、見つけるのは実は簡単で、感じていることを何となくでいいので「言葉にする」ことです。言葉にすることで形となり、この世界に存在させることができ、受け入れることができます。ほとんどの人が言葉にする手前で終わってしまうから、掴めずにモヤモヤし続けてしまうのです。

そして、感情を「思ったこと」だと勘違いしている場合が、非常に多いという事実があります。

実際に私のところに面談に来る、プロのセラピストやコーチ、ヒーラーでも「そのとき、どんな感情？」と聞かれて、すぐに感情だけを答えられる人は少ないのが現状です。

どうしてか？　というと、「思ったこと＝感情」だと勘違いしているからです。

ここは勘違いしやすい部分なので、キチンと認識しておきましょう。

◇思ったこと…
「どうせ私のことなんてどうでもいいんでしょ」（勘違い例：「と感じた」）

「よくそれで恥ずかしくないよね」（勘違い例：「と感じた」）

◇感じた感情…
「寂しい、悲しい、怒り、モヤモヤ、苦しい、コワイ、嬉しい、楽しい」など

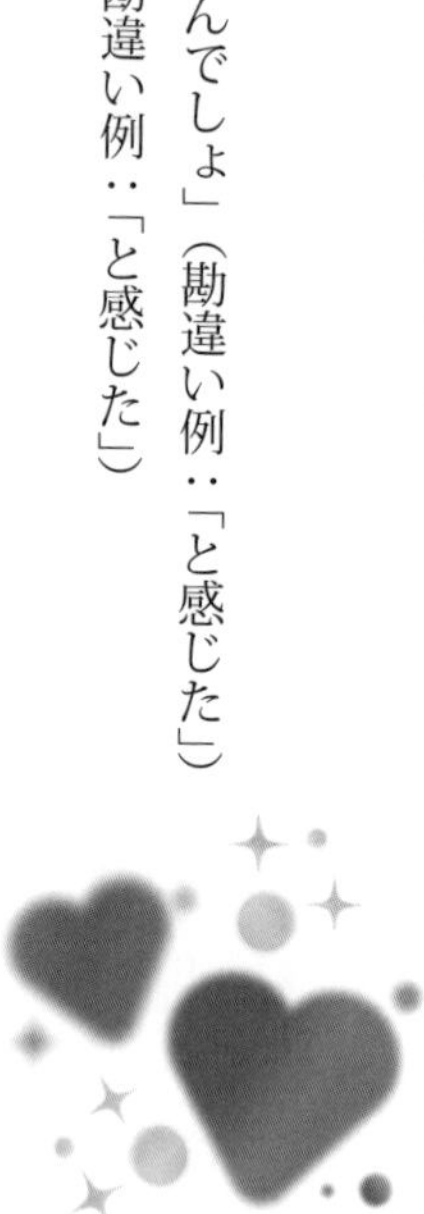

頭で思ったことを【＝（イコール）感じたこと】としているから、プロの方でも勘違いしてしまうのです。感情というのは、このようにシンプルに「一言で表せるもの」です。
そうは言っても、最初は「これって寂しいのかな…」「これでいいのかな…」と、自分で把握しにくいと思うことがあるので、そのときは『あえて言うなら、○○が近いかな』くらいでOKです。

身体の道具を使って素早く完了する2ステップ

なんとなく感情を見つけたら、今度は「身体のどこで感じているか？」を見ていきます。感情は身体と連動しているので、感情を感じたときは必ず身体でも感じています。

思い出した感情でもいいので「この感情は身体のどこで感じているのかな？」と意識することで、自分の感情をしっかりと掴めるようになります。

ステップ①：感情を見つける

ステップ②：身体のどこで感じているか？

ここかな？　と感情を掴めたら、消費＆受容しやすくなります。このときに、次のような感じで受容することをしてみてください。

「私は不安を感じたいんだ」
「悲しい思いを感じたいんだ」
「嫌な思いを感じたいんだ」

この観察者の視点で、未完了の感情エネルギーを完了していくことができます。あくまでも「この感情を自分が感じたいから感じている」というスタンスが大事です。これが自分の中にあるからこそ、第三者の俯瞰した観察者の視点で未完了の感情を消費＆受容することができるのです。

効果が半減どころか逆効果になる「感じる」極意

ですけど、ここで要注意することがあります。それは、ネガティブな感情と紐づく相手がいるときは、相手と感情を切り離すことです。関係する相手を思い浮かべながら感情を感じると、被害者意識や依存が強化されて、逆効果になってしまいます。

感情だけを感じたいなら、体感覚で感情をしっかり掴むことです。これをしっかりとすることで、わかりにくい方でも感情だけを感じることができやすくなります。

6 「魂の欠片」を見つけ、思い込みに気づき都合よく書き換える

宇宙と共鳴して存分に人生をクリエイトする

感情が湧き上がるときは、自分の中に何かあるから反応します。逆をいうと、何もなかったら反応しません。感情を感じたら必ず「反応した魂の欠片」を見つけてあげるようにしましょう。なぜなら「反応した魂の欠片」は、ずっと見つけてもらうのを、まだかまだかと待っているからです。反応して感情を感じた魂の欠片は、「どうしてそう感じたのか?」を知りません。見てこなかったので、わからないのです。

例えば、怒りを感じたとしたら『なぜ、怒りを感じるのか?』、いらだちを感じたら『なぜ、いらだつのか?』と自分自身に問いかけることです。これは高次の質問なのですが、潜在意識の奥に

ある根源を、顕在意識に上げることができる質問です。

例：「なぜ、いらだったのか？　どうしてそう感じたのか？」

↓「○○さんに相手にされなくて、悲しかったから」

＝　魂の欠片：反応した自分

このように、反応した自分を見つけてあげてください。ここが魂の統合のキーポイントになる部分です。統合したくても見つけられないと、先に進めませんから、しっかりと見つけてあげましょう。

自分自身をキチンと知ってあげるためにも、「感情からどんな反応した自分がいるのか？」を、楽しみながら、自分自身のことを気遣ってあげてください。

他人よりも自分を熟知するほうが、未来の自分や今世の人生を、自由自在に思いのままにつくり出すことができ、宇宙と共鳴して存分に人生をクリエイトしていけます。

魂の欠片を見つけ、古い化石の思い込みを解放する

感情を感じるのは反応した「魂の欠片」がいるからです。

・自分の中に何かあるから反応する。

↓何もなかったら反応しない

生きづらさ問題のカギとなる魂の欠片を見つけると同時に、古い思い込みに気づき始めます。「どうして、これまで持っていたのか？？」と自分を疑ってしまうほど、狭い枠の中に自分を閉じ込めていた古い化石のような思い込みです。

この思い込みは、自由自在に、都合のよいように書き換えることができます。つまり、新しい自分のルールをつくるということです。

呪いの言葉は封印して素直に受け止める

なぜなら、その思い込みは真実ではないからです。なので、自分の都合のよいように変えられます。このときに、「あぁ、そうなんだ！」と素直に受け止める大切さが必要です。

上手くいかない人は、「でも、だって、しかし、どうして、そうは言っても、私は○○だから、私にはムリ…」などの、呪いの言葉を自分に投げかけてしまいがちです。これをしていたら、叶うものも叶わなくなってしまいます。

そうではなく、素直に『思い込みは都合のよいように書き換えていいんだ!!』と受けとめて、そのままこれまでの古い思い込みを、あなたの都合のいいように書き換えてください。

例えば、「私は、肝心なときにいつも失敗する」という思い込みを持っていたら、「私は、肝心なときこそ本領発揮できる！」という感じに、自分にとって都合のいいように書き換えていきます。

ここでのポイントは、自分が一番しっくりくる言葉にすることです。そして、都合のいいように

書き換えるときに大事なことは、
・思い込みを変えるのはカンタン！
・自分次第で簡単にも難しくもなる！
　この２つを深層意識レベルで思い込み、楽しむことです。

思い込みを変えても現実が変わらない初歩的な理由

　自分のルールを新しく変えても、現実が変わらない、だから以前の思い込みが強くなる人が出てきます。この理由は簡単です。理想の現実に向けて「いつもと違った行動をしていない」からです。新しく自分のルールを変えたら、「これまでと違う行動」を決めることが必要です。そうすることで、どんどん理想の自分にも近づいていきます。

古い制限の手放しを加速する

　大切なことなので繰り返しますが、現実を創っている潜在意識のガソリンは感情です。なので、「願いを叶えてどんな感情を得たいのか？　どんな生活・仕事で、何を得たいのか？」としたときに、嬉しい・幸せ・楽しい・快感などの素敵な感情を感じていればいるほど、古い思い込みもどんどん手放せていくので、軽やかな波動に変わっていきます。

これまで、わかっているけど、変えられないという人ほど、本書を読んでいる今が、自分を制限する古い思い込みを手放すタイミングです。

また、ここで自分の都合のいいように「思い込みを書き変えられない」「なにか抵抗がある」という場合は、魂の欠片がいる証拠なので、次の魂の統合をしていきます。

7 インナーチャイルドの先にある「光」を発見し、魂統合する

一瞬にして別次元の自分に生まれ変わる

自分の都合のいいように思い込みがスルっと書き変えられればそれでよいのですが、そうでないときは、魂の欠片や大きな傷を持つ分身が隠れています。生まれて来てから、とにかくたくさんの魂の欠片やトラウマなどの魂の分身たちがつくられ続けて、今もなお、何かしらネガティブな感情を感じるたびに、調和のとれたエネルギーから分離して不調和なエネルギーに欠けています。

魂の欠片／分身は、そのとき感じた感情を抱えている当時の自分です。つまり、今現在の自分とは別の存在で、1人の存在として尊重して扱ってあげることが大事になっていきます。

「光」を見つけ、別次元の自分に生まれ変わる

欠けた不調和なエネルギーは、再統合して戻していきます。

魂の欠片／分身は、あなたの魂の願望を大切に守ってくれている光の存在です。魂の願望には、当時のあなたが魂レベルで欲しかったこと、叶えたかったことが秘められています。

魂の願望を見つけてあげることで、魂の欠片／分身たちが満たされて、重い不調和なエネルギーから軽い調和のエネルギーに変容し、一瞬にして別次元の自分に生まれ変わることができます。

魂統合しやすくする重要ポイント

潜在意識の奥にいる魂の欠片／分身を顕在意識に上げることもあり、いくつかの重要なポイントがあります。ここでは、「感情を抱えた当時の自分」だけにフォーカスして、気にして見てあげることに集中する必要があります。

- 思考でなく、ハートで感情や感覚を感じながらする
- 仮想の両親・親族・人物像で実践する（怒り・憎しみが強い人は特に）
- 相手の状況は一切ムシ！
- ハートと思考の位置を本来の使い方に戻す
- 「涙」がでたらチャンス！

魂の統合ステップ①

思い込みという勘違いルールをつくった一番古い記憶（場面）、または、いつも感じてしまう感

情を感じるようになった一番古い記憶（場面）を見ていきます。

まずは6歳くらいまでの体験や経験です。特に家族関係から見ていくとよいです。それでも思いあたらなければ、親族、近所の人、友人知人、小学校・中学校・高校と範囲を広げていきます。

魂の統合ステップ②

その場面で「自分は何を思ったのか？」を見ていきます。

思考で思ったことを、思いつく限り出していきます。

魂の統合ステップ③

そのとき感じた感情を見ていきます。

「このとき何を感じているのか?」感情を見つけます。そして、「どうしてその感情を感じたのか?」と感じた理由を理解してあげます。

例：嫌な思いをしているお母さんに何もしてあげられなかったから、悲しかった。

　お父さんの怒った顔がいやだった。

　何も聞かずに一方的に決めつけられてく、苦しかった。

　他の人と比べられて、ダメなことばかり言われて孤独だった。

しかし、幼い頃は感情がわからないときもあります。その場合は、次に進んで大丈夫です。

魂の統合ステップ④

そのとき、「本当はどうしてもらいたかった？」あるいは「自分はどうしたかったのか？」を見ていきます。思いつく限り全部出していきます。

例：「イイコ、イイコ」して欲しかった。

両親に私の身に起こってきたことに気づいて欲しかった。

決めつけて言わないで、どうしてそれをしたのか？　ちゃんと聞いて欲しかった。

通常、インナーチャイルドセラピーではここで出たことを、大人になった今の自分がやってあげる、ということをしますが、魂の統合ではこの先の「魂の願望（光）」を見つけることまでします。

☆魂の統合ステップ⑤

ステップ4をしてもらうことで、「1人の人間として私はどうなりたかった？」。それらをしてもらったり、自分がすることで「何を得たかった？」を、胸の内に内に入りながら見ていきます。

例：本当の自分を出してよいと自分に許可を出したかった。

絆があると感じたかった。子どものように素直に甘えたかった。

ステップ⑤で胸の奥から出てきた答えが、魂の願望（光）です。実際に、魂統合がなされるとわかるのですが、魂の願望に辿り着いたとき、その願望が幼い子どもが持つ願望とは思えないような、とてもしっかりとした、まるで大人のような願望だと気づくでしょう。

このとき、自分にとって一番しっくりくる言葉で、胸のあたりの感覚が軽くなったら、見つけられています。何も感じない、しっくりくる言葉ではない場合は、まだ魂の願望（光）が潜在意識の奥に隠れています。

魂統合は日常のフッとした瞬間に起こるときもある

魂の統合をすると、体感覚で波動が軽くなるのが必ずわかります。体験した受講生さんは、

「胸がスーースーします」
「こんなに軽いのは初めてです」
「胸にミントの風が吹いてます」
「何の悩みを話していたのか思い出せません」
「笑いが込み上げてきます」
「気づいたらスキップしてました」
「スルスルスルスルと、凝り固まった心が解けていき、本当にハートの感覚が変わって統合されたのがわかりました」

という感じに、別次元の自分を体感されてます。

最初はわかりにくいかもしれませんが、大丈夫です。

ステップ⑤をやっているときに見つからないときは、日常のルーチン作業の時に、魂の分身が守っ

ている魂の願望（光）の扉を開けてくれるので、フッとした瞬間に見つかります。私は、買い物帰りに家に着いた瞬間に見つけました。

そうなるためには、まずはステップ⑤の「それをしてもらうことで、私はどうなりたかったのかな？何を得たかったのかな？」と自分に問いかけてあげることが重要です。問いかけることで、潜在意識と脳に指令を出すことになり、答えを探し出すように動いてくれるからです。

幼い子どもでも想いは大人

魂の願望（光）は、あなたに見つけてもらうのを「まだかな。いつ見つけてくれるかな」と待っています。魂の願望（光）は、当時は幼い子どもだったとしても、１人の立派な人間として持つような、しっかりとした願望です。

実際に魂の願望を見つけて、魂統合を体感された受講生さんは「幼い子供のもつそれとは思えないような、とてもしっかりと、まるで大人のような想いだったことに驚きました」と仰られてました。

焦ると閉じる光の扉

なかなか魂の願望（光）が見つけられないからと言って、焦らなくても大丈夫です。人生も魂の欠片／分身も、玉ねぎの皮になっています。

いきなり玉ねぎの中心部分だけを取り出そうとすると思考が働くので、魂の分身は開けかけた扉を閉めてしまうことがあります。
そうならないためにも、焦らずに一枚一枚、丁寧に大切にむいていけばいいのです。

自分を愛する贅沢な時間

自分自身と深く向き合う時間は、とても贅沢な時間です。それは、自分を深く理解することができ、受け入れることができ、愛することができる時間だからです。「自分を愛する」ということは、気分がいいことをする・自分に優しくする・心の声を聞くことだけではありません。それだけでは、自分を愛することにつながりません。これまで生きてきた中で分離した、たくさんの魂の欠片たちを「どれだけ見つけてあげられるか？」が、真の意味で自分を愛することに繋がるのです。

これまで見てこなかった魂の欠片たちは、潜在意識の奥にいるので、魂の統合では自分の内側へ内側へと深く入っていきます。深く自分を見ることは、学校教育でも教えられてこなかったこともあり「向き合い方がわからない」という人も多いかと思いますが、この魂統合5ステップ通りに見ていくことで、自分と向きあうことは「こういうことか」と少しずつ感覚を掴めるようになります。

また、魂統合を加速する方法というのもあります。それは、宇宙の視座でいくつもの角度から自分を見ていくことです。そこで、受講生さんには、私が生まれる前に約束してきた深いつながりのある『大天使ミカエルの生きたメッセージ』を使い、魂の統合を一気に加速します。この生きたメッセージワークがあることで、受講生さんたちはたった数か月で別次元級のご自身と人生に変容されます。ですから先ずは、宇宙の叡知で得られる「魂本来のあり方」になり、宇宙／魂レベルに視座を上げることが重要です。そうなることで、魂統合を加速することができるようになるのです。

魂のゆがみのお陰さま

最後までキチンと魂の統合をしたときの感動は、言葉では伝えきれないものがあります。

この魂レベルで喜びを感じる感動は、何十年と自分を生きて来れずに、我慢で自分を抑えてきた自分自身の「お陰さま」なのです。何十年と積み重ねてきた魂のゆがみがあったからこそ、この歓びを感じることができるのです。両極の2元性の世界がある通り、どちらかが欠けてはこの喜びの感覚は、決して味わえないのです。ほとんどの方がこのことに気づかずに、これまでの自分をそのままにしてしまいます。そうではく、どんな自分も愛で包み込んであげてください。

これまで魂のゆがみ修復をすると決めた受講生さんたちは、何をやっても変われなかった方でも、他で断られた方でも、長年セラピーをやっても顔をだす感情を解消できなかったプロのセラピストさんでも、1～2か月で自由の道を開いて、2～4か月で自分が愛おしくなり人生ステージが上がり始めます。

その受講生さんの中でも、これまで何かあると「自分がいけない」と自分を責めて、一度も自分を好きになったことがない方が、「こんなにも穏やかで、自分を好きでいられるのははじめてです」と言ったお顔が今でも忘れられません。次は、あなたが生まれ変わる番です。

第5章　ライトボディ覚醒で高波動体質

1　生きづらさ解消に欠かせない エネルギーボディとチャクラシステムを知る

肉体・エーテル体・精神体・感情体の4つのボディ

エネルギーボディであるオーラは7層になっていて、それぞれの層には情報を記憶する役割があります。ネガティブな思考パターン、感情パターン、トラウマ、古い信念体系などの潜在意識にある根っこは、精神体・感情体にあります。

エネルギーの波動は、高いところから低いところへと影響を及ぼす性質があるので、波動の周波数が高いエネルギーボディが不調となったり、傷ついたり、バランスが乱れて流れが滞ると、その影響は時間差はあっても肉体へと影響して、やがて、具体的に目に見える身体の症状として現れます。

肉体をケアするだけではなかなか解決しにくい問題や、繰り返す痛みや身体に起きるトラブルが続く場合、実のところ、トラブルの原因はエネルギーボディ部分の乱れや滞り、バランスの崩れからきていることがあります。そういったケースでは、肉体のケアと共に、更に周波数の高いエネルギーボディの流れや波動を整えていくことで、結果として身体の回復力が高められていきます。

条件反射してしまう思考パターンや感情パターンも、精神体・感情体に「根っこ」を生やして記憶されているので、このエネルギーボディも『自分の身体の一部』として扱いケアしていくことが、元に戻らず繰り返さないようにするためには、欠かせないことになります。

そして何よりも、エネルギーボディ調整を同時にしていくことで、魂の統合が大きく加速します。

チャクラシステム

チャクラは肉体に生命エネルギー（プラーナ）を取り入れるエネルギーセンターです。宇宙・人・地球は、見えない光のパイプでつながっています。このパイプを、プラーナ管とも呼びます。プラーナ管から肉体に生命エネルギーを取り入れているのが、チャクラです。チャクラが各身体でのエネルギーの集中ポイントだとすると、その数は２００以上にもなるといわれていますが、その中でも肉体の脊柱に沿って置かれている、代表的なチャクラが７つあります。

それぞれのチャクラはシステムとなっていて、エネルギーボディとして独自の波動数と役割を担っています。高波動エネルギーや色・音の波動を使って、チャクラシステムを浄化・活性化していくと、各チャクラが担っているエネルギー的役割である、意識、感覚、マインド、思考などのバランスが整えられ、バイブレーションと動きが生まれていきます。

また、チャクラは身体の内分泌腺とも関係しているため、各チャクラのエネルギーバランスが乱れると、それぞれに呼応する内分泌腺からのホルモン分泌に乱れが生じ、それを必要とする内臓器官や体の組織や調整にも影響が出ていきます。

このように、チャクラシステムは肉体とエネルギーボディをつなぎ、思考やマインド、意識などを整えていく1つの鍵となるエネルギーセンターなのです。チャクラの役割を使ってエネルギーボディへとアプローチをすることで、肉体とエネルギーボディの両方を整えていくことが可能になります。

人生と波動が決まるチャクラシステム

引き寄せの法則は、自分が発信した波動と共鳴したものが引き寄せられてきますが、その波動を決めているのもチャクラシステムです。また、「恐怖や不安、感情にコントロールされる、思考にのまれる、自分がわからない、生きる気力がなくなる、人間関係が上手くいかない、自分の意見を言えない、周りの意見に流される」など、これらすべての根本原因がチャクラシステムにあります。

魂メソッドを実践した受講生は、「チャクラを知らずして自分を知れませんね!」と、ある意味、名言をいただいたほど、私たちのすべてが詰まっているのがチャクラシステムなのです。

チャクラは主にスピリチュアル能力を引き出したり、活性化するだけではなく、その人の人生そのものがわかるものなのです。幼少期や成人期を経て得た経験体験が、今どう生きるかに大きく影響を与えているのは事実です。チャクラシステムは、そのすべてを明確にしてくれる素晴らしいツールであり、その使い方もちゃんとあります。、自分が何を思い、なぜそのように感じるようになったのかを理解することは、人生を豊かにする一歩であり、魂本来の自分になることを加速します。

2　チャクラシステムの７つの役割と本来の目的

第1チャクラ（第1次元／赤色／基礎／脊柱の基底部／副腎）

◇役割

・本能的な性質。生き残りと自己保存の問題。焦点は肉体。

◇本来の目的

「生きることへの安心感」／生きることに対して無条件の安心感

◇特徴

・このチャクラが浄化されると自分の人生を築く力を得られる。自らに刺激を与えて行動できる。

・大地の生命エネルギーおよび高次元世界に住むハイアーセルフ、神の光線、神聖な我れの生命力エネルギーと波長を合わせ、受け取るのを助ける。

第2チャクラ（第2次元／オレンジ色／感覚作用／仙骨（へその下）／卵巣・精巣、腎臓）

◇役割

・エゴの欲望体の居場所。性的／情熱的な愛。与える関係、受け取る関係、交互に作用しあう関係が顕著にある。焦点は情緒と感情。

◇本来の目的

「感情を味わい豊かな人生にする」／他者と関わることで自分という個の存在を知る

◇特徴

・このチャクラが浄化されると本質的に自分の価値を見出す。他人の評価が気にならなくなる。元気が出てきて、インスピレーションが湧き、やる気が出てくる。

・地上的なあり方に縛られた情緒が中心となると、直感やスピリチュアルな叡知の代わりに、恐れ、迷信、教条が支配する。

第3チャクラ（第3次元／黄色／顕現／太陽神経叢（すべての神経の中心）／膵臓）

◇役割

・全チャクラの中のパワーセンターであり、個々人のパワー・センター。情緒のセンター。

◇本来の目的

「個性を強化し表現していく」／唯一無二の自分という価値を外の世界に表現する

◇特徴

・このチャクラが綺麗に浄化されると、家族関係や人間関係が安定する。普遍的な顕現の法則、原因と結果の法則を学び、願望を実現するために使うことができる。

・自分に正直であることを求め、人生の目的が明確になり、その目的と自分をしっかり整列させることができるようになる。

第4チャクラ（第4次元／緑色／インスピレーション・自己実現／ハート・センター／胸腺）

◇役割

・ハイアーセルフからの生命力エネルギーを肉体に固定。高次元にはいる入口。肉体とスピリットをつなぐ場所。

◇本来の目的

「無条件の愛」／自分を確立しながら他者と心を交わしながら成長する私

◇特徴

・このチャクラが綺麗に浄化されると、免疫反応が著しく向上する。自由、楽しさ、束縛されない平和感の中で生活できる。共感に満ちた愛が表現を探求するようになり、物質の存在局面を超えた何かを強く求めるようになる。

・ハートで生きていきたいと思っていても、下のチャクラが滞っていると上手くできない。すべてのチャクラのバランスが大事。

・ハートチャクラは、身体の下部に位置する1～3チャクラと、上部に位置する5～7チャクラとをつなげる架け橋の役割を担っている。このハートチャクラが正しく開放されバランスが保たれていると、身体と精神の両方のエネルギーが円滑に流れることを可能にする。

第5チャクラ（第5次元／青色／発声・コミュニケーション／喉のセンター／甲状腺・やる気ホルモン）

◇役割

・話し言葉の力。真のコミュニケーション、表現、創造性。

◇本来の目的

「真実を語る」／自分を信頼して心から正直な自己表現をする私

◇特徴

・自分に誠実に、かつ識別しながら、表現する力。

・第5チャクラが綺麗に浄化されると、夢を実現する力が湧いてくる。ハイアーセルフが人生において活発な役割を果たすようになり、高次元世界に至る虹の橋を活性化され、守護天使、ガイド、光の存在たちとの交流が開始される。時々、光の世界の「歓喜の状態」を体験するようになり、創造主とつながるとはどういうことかをしっかりと理解できる。これを体験したあとはこれまでの自分ではなくなる。

・グローバルな視覚が発達する。自分の生活領域、民族、文化だけに囚われずに広い視野を持つようになる。

・すべての事象において、中立に戻って、物事の本質を見極めようとする。

・自分に誠実に、且つ、識別しながら真実を語り、願望実現を加速するようになる。

第6チャクラ（第6次元／藍色／視覚化・共同創造／第3の目・額の中心／下垂体・松果体）

◇役割

直感、洞察力、透視力。二次元を超越した知覚。

◇本来の目的

「本質を見極める」／ハイアーセルフの愛の意思と3次元世界の意思を一致した、ジャッジを手放した私

◇特徴

・第6チャクラを覚醒させると、過去と未来の知識を得ることができる。
・自分自身と向き合い、内観する強い精神が育つ。
・宇宙の叡知にアクセスしてマインドの安らぎを達成する。
・『悟り』を達成し、それによって自分にとって最高の真実を知ることを求めて、能力の最善を尽くしてその真実を生きる努力をする。
・自分の神聖な生得の権利を再び我がものとして宣言し、宇宙の神聖な使命を達成しようとする。
・ハイアーセルフの愛の意思と自分の意思を一致させないと、スピリチュアル能力も活かしにくい。

第7チャクラ（第7次元／紫色／光明・再統合／頭頂／松果体）

◇役割

脳の上部に活力が与えられる。

◇本来の目的

「魂の自分：覚醒」／ふわっと花開く、肩の力が抜けた自然体の私

◇特徴

・第7チャクラを覚醒させると、欲望、希望、後悔から解放される。

（過去に起きたことに対してヒーリングを施し、病気から解放された未来、あるいはもっと充実した生活などよい未来を選択していく）

・スピリチュアルな意思が強化され、神聖な叡知が増大し、高次元レベルの再統合が加速される。

・宇宙の一部であることを理解し始める。

下位チャクラの大切さ

チャクラシステムは、第4チャラクのハートチャクラを中間役として、低次元の1〜3チャクラと高次元の5〜7チャクラで連動しています。今日、即効性のあるスピリチュアルな教えを求めている人が多く、本来必要な下の方のチャクラの下積み作業を怠り、上のチャクラへとカエルのように飛んで行きがちです。

エキゾチックな体験ができるという約束に誘惑されてしまう人達も少なくありませんが、下の方のチャクラを浄化しないと、正しいヒーリングが起きないということを理解していない人達も多く

います。そして、低次元の1〜3チャクラの浄化・活性化・調和・統合をしていけば、自然と本来の自分の土台を手に入れることができるようになります。それほど、低次元の1〜3チャクラは、3次元の物質世界を生きる私たちにとって、無視できない重要なエネルギーセンターなのです。

3　チャクラシステム状態チェック診断

チャクラシステム状態チェック診断

チャクラシステムの機能状態をチェックして、自分の現状を知りスタート地点に立ちましょう。

第1チャクラ

□自分は孤独だと感じている（感じたことがある）
□やらなければいけないことがあるにも拘らず行動に移せないなど、無気力状態であることがよくある
□心からの安心感がなく、いつも不安になっている
□外部からの影響を受けすぎるなど、フワフワしている感覚がよくある
□得たいの知れない不安感から逃避するためにお金を使う、または使わないことで対処したことがある

第2チャクラ

□自分を信じられずに、疑うときがある

□自分の思い通りにならないと、苛立ち焦るときがある

□自分の性的傾向に問題を感じることがある

□他者と肌が触れ合うことに、何故か抵抗を感じる

□基本的に元気がなく、スタミナが弱い

第3チャクラ

□気性が激しく、感情をコントロールできないときがある

□あるときは「自分は無力だ」と感じ、別のときには「自分はものすごいパワーがある」と感じるなど、極端なギャップを抱えている

□激しい怒りや嫉妬、恨みなど、ネガティブな感情を抑えられないときがある

□意志が弱くて周りに流される、もしくは我を通し周りを巻き込むなど、意識のコントロールが難しい

□肩書きや権威などに対し、卑屈になったり、逆に挑発的・攻撃的になってしまうなど、過度な反応をしてしまう

第4チャクラ

□自分は何がしたいのか、何に喜びを感じるのかがわからない
□愛する、愛されるということができない
□物事に対してネガティブで否定的、もしくは高圧的
□慢性疲労でダルさが抜けない
□他者へ献身的に奉仕しすぎて、自分が先に参ってしまうときがある

第5チャクラ

□自分の言いたいことが上手く伝わらず、誤解を受けることがよくある
□自分の感情を素直に表現できず、自分の魅力を十分に引き出せない
□自分が向いている仕事や進むべき道を見つけられない
□会話だけではなく、コミュニケーション全般に問題があると感じる
□他の人の話を聞けない、もしくは聞き間違えをよくしてしまう

第6チャクラ

□自由になりたい、解放されたいなど、身動きが取れない状況にいるように感じている
□眠りが浅く、悪夢をよく見る

□自分が上手くいっている所や将来を思い描くことができない
□自分の願望が現実になっているイメージが想像できない
□直観が冴えない、または思考が強いと感じている

第7チャクラ
□無意識の内に、他の誰かになろうと頑張ってしまう
□勝手に批判された感覚を覚えて、フラストレーションがたまる
□心の内面に向かい、自分のエゴや怖れや恐怖と向き合うことができないときがある
□ハイアーセルフや宇宙、神とはつながっている感覚がないと思う
□過去の失敗にとらわれてしまい、決断できないときがある

いかがでしたか？　当てはまる数が多いほど、チャクラシステムがネガティブな機能状態になっています。

多かったからいけない、少なかったからよいというわけではなく、1つでもチェックがついたのなら、潜在意識の根っこに魂の欠片／分身がいるということですから、あなたの欠片を見つけて癒し、統合してあげることで、さらに豊かな人生に変えていけます。

4　不調和なエネルギーを調和のエネルギーに変容する

昨今の不調和なエネルギーが増える要因

本来の私たちのエネルギーは調和のとれた、それはそれは軽い波動の持ち主です。この状態だと、自然と物事が順調に進み、結果も思うように手に入ることがよくあります。

ですが、幼少期からたくさんの体験を通し感情を感じて、不調和な重いエネルギーを繰り返しつくり出してきました。そこに輪をかけて、目まぐるしく忙しい日常生活で時間やタスクに追われたり、インターネットやテレビ、SNSなどのメディアからネガティブな情報を見聞きすることを続けていると、さらに不調和なエネルギーが増幅していくのです。

不調和な状態のままでいると、自分を見失ってしまい、何かと物事につまずきやすく、また、結果に満足することが難しくなっていきます。

あなたは、何となく不調和なエネルギーを感じていませんか？　その違和感が、本来持っている自分らしさを忘れさせ、身体や心に影響を及ぼしているのです。

魂本来の自分を解き放つために気をつけること

調和のとれたエネルギーにするために、まずは、日々の生活の中で起きるさまざまな事象、人間関係の摩擦、物事の進行がスムーズでないと感じたときなど、自分が抱える「不調和なエネルギー」に意識を向けて気づくことです。気づいたら受け入れることです。

これらは決して否定すべきものではありません。むしろ、大切に捉え、ご自身が成長するための貴重なエネルギーととらえることで初めて、その「不調和」は「調和」へと変わります。不調和なエネルギー状態の自己を受け入れ、自分自身を尊重することで、魂本来のパワー、生まれ持った可能性が開放され、魂本来の自分が解き放ち輝き始めます。

どうか一度、心の中に意識を向けて深呼吸をしてみてください。感じてください、そのすべてを包み込むような自己受容の優しさを。

5　時空を超え5次元で潜在意識を根こそぎ浄化する

ダイレクトに働きかけると断然効果的！

内面に働きかけて調和のとれた状態に変えるために、「ポジティブな思考を持つ」「メディテーションやヨガで心身をリラックスさせる」「感謝の気持ちを持つ」「自然に触れる」などがありますが、ワンクッション挟むよりも、ダイレクトにエネルギーそのものに働きかけたほうが、断然、効果的に変えることができます。

「しつこい油汚れを落とすには油を」「身体の怪我は3次元の病院に」というように、「エネルギーにはエネルギー」が、効果的に調和のエネルギーに変容することができます。

エネルギーの落とし穴

不調和なエネルギーは、「高い波動を流すと調和のとれたエネルギーに変容し易くなる」という性質があります。そこで気をつけたい重要ポイントが、『どことつながるか？　どの高波動エネルギーを流すか？』です。

ヒーリングにはたくさんの種類があります。同じように、高い波動エネルギーにも、もの凄い種類の高い波動エネルギーがあります。このことを知らずに、高波動エネルギーを流せばいいだろうと思い、自分なりに高いと思っているエネルギーを流すと「効果がない＝結果がでない」という事になってしまいます。

一気に変容するだけでなく、ＤＮＡレベルの若返りも可能

不調和なエネルギーを調和のエネルギーに変容し易くするのは、『宇宙の源により近い純粋な高波動エネルギー』です。3次元世界に近いエネルギーでは、ほとんど効果を得られません。よくなったと思っても、すぐに元の状態に戻ります。

宇宙の源により近い純粋な高波動エネルギーは、不調和なエネルギーを一気に変容し、DNAレベルの若返り、心身のバランスを整える、精神面の安定、運気アップ、ハイアーセルフとのつながりも太くし、メッセージや直感力アップなど、私たちにとって様々な面によい影響を与えます。

時空を超えた5次元で超強力な浄化&活性化

3次元世界に肉体を持っていたとしても、私たちの本体は意識体なので、時空を超えて5次元に行くことができます。実は、私たちの身体の中や外側に、時空を超える回路が備わっています。それは、背中側にあります。整体師などエネルギーを扱う治療家の中にも「背中あたりからエネルギーがくる」と体感して気づいている方もいます。

1人ひとりが5次元に行って受けるヒーリングは、宇宙の源により近い純粋な高波動エネルギーを浴びて超強力な浄化を受けることができます。その浄化されたスペースに神聖なエネルギーを注入するという、魔法のような流れを体験できます。このことで、潜在意識を根こそぎ浄化し、エネルギーボディにある不調和なエネルギーの変容を加速することができます。

「本当に5次元に行けるの?」と思うかもしれませんが、特殊なオリジナルの誘導瞑想法を使用すると、誰でも時空を超える回路を通り5次元に行くことができます。実践した生徒さんたちは「エネルギーの違いを実感できた」との声が多々寄せられています。さらに、1人で行うよりも複数人で一緒に行う瞑想の方が「パワフル」と驚かれるくらい、より深い体験をすることができます。

6　一生かかるカルマや過去世からのカルマもたった数か月で解消可能

フワフワしたお花畑スピリチュアルに気をつける

時空を超えて超高波動を浴びるのは、とてもとても気持ちがよくて楽しいものです。なので、『ついつい』ライトボディ覚醒ばかりをやる人もでてきます。しかし、元に戻らない本来の自分をはやく手に入れたいのなら「宇宙の叡知」と「魂の統合」もキチンとやることです。

そうでないと、残念ながらチャクラシステムの浄化・活性化・調和・統合も、各チャクラにある不調和なエネルギーを調和のエネルギーに変容することもできなくなってしまいます。

私自身、この『ついついパターン』にはまり込んで、１年の時間（24時間／日×３６５＝８７６０時間）を費やした結果、気持ちはいいけど「なんだか現実が変わらない」という、前に進んでいる感覚のない状態が手に入りました。いわゆるフワフワしたスピリチュアルです。

本書を読んでいる皆さんには、私のように遠回りしていただきたくないので、３つのエレメントは歯車のように同時に回してくださいね。そうすることで、一生かかるカルマや過去世からのカルマなども、たった数か月で解消可能になり、あっという間に別次元の本来の自分を手に入れることができるようになります。

止めようとする不要な意識をサイキック削除

何か新しいことに挑戦しようと決意したものの、何故か罪悪感や自己否定に襲われて行動を止めてしまった経験は、どんな人にも少なからずあるかもしれません。これは、誰でも起こりがちなことです。

原因は、自分に対するネガティブな意識が、前に進もうとする行動へのブレーキになってしまうのです。「よし、やるぞ！」とエネルギーを満タンにしてアクセルを踏み込もうとするその瞬間、行動を阻む不要なブレーキがかかってしまうのです。

このように、アクセルとブレーキを同時に踏んでいる状態は、まるで2人の自分が不一致を起こして、引っ張り合いをしているようなものです。これでは苦しくなってしまい波動も下がり、エネルギーがどんどん枯渇していってしまうので、本来の自分を取り戻すどころではありません。

しかし安心してください。あなたが行動を止めてしまうその不要な意識をサイキック削除し、本来のあなたが持つエネルギーを引き出すことを、魂のゆがみ修復をはじめると同時に行います。2人の自分が引っ張り合う心の葛藤やエネルギーの枯渇はもう怖くありません。サクッとブレーキを外して、スーッと前に進み変容していくことができるようになります。

そして、このサイキック削除は、誰でもできるようになります。すでに伝授した生徒さんからは、「まるで新しい自分になれた！」と大喜びの声が上がっています。自分と周りの人を軽くでき、相手が笑顔になっていく姿を見て、あなたも笑顔が込み上げてくる。そんな人生も可能なのです。

7　生まれ変わったボディを手に入れ新時代を生きる

男性性／物質の時代から女性性／精神の新時代へ

今、時代が女性性の時代／精神の時代へと大きく変わり出しています。この時代の変化の流れに合わせて、私たちも柔軟に変化する必要があります。

これまでの教育や両親や社会からの教えでつくられた思い込みや価値観は、古い時代の男性性の時代／物質の時代を、楽しく生きやすくするためのものです。今の新しい女性性の時代／精神の時代には、合わなくなります。だからこそ今、生きづらさをより一層感じやすくなってきている人が続出しているのです。

26000年の周期

私たちが住む地球がある太陽系は26000年の周期で、銀河の光粒子の帯があるフォトンベルト部分を一回転しています。その半分、13000年に一度、フォトンベルトを通過するということですが、この時期は、新しく生まれ変わるために、世界に大きな変化が起こります。そのタイミングが、ちょうど今なのです。

この時代の切り替わりは、地球の波動が上がるくらい想像以上に大きな影響があり、宇宙全体にも影響が及ぶほどです。地球に住んでいる私たち1人ひとりも、この時代の切り替わりに合わせて波動を上げていくことが大切なのです。

地球の波動と合わせることで、本来の自分を解放できるだけでなく、宇宙の流れに乗ることができます。

そうなるためにもここまで、潜在意識の根っこからクリアリングし、チャクラシステムのバランスを取って、4つのエネルギーボディを手に入れることをやってきたのです。

あなたの魂が望む生き方

これまでの古い信念体系やセルフイメージを上書きして、軽やかな波動を放つ新しい4つのボディを手に入れたあなたは、過去を引きずり、起こってもない未来を心配して、エネルギーを分散させる生き方を終わらせることができます。「今、ここ」にエネルギーを注ぐことができる、軽やかな本来の自分を楽しむ生き方にシフトできるのです。

これからの新時代は、もう過去世・今世・家系レベルのカルマを自分自身で終わらせることができます。誰かにやってもらうのは楽ですが、自分で自分をきちんと理解して、深く受容していくことができるからこそ、元の状態に戻らない本来の自分を取り戻す力にもなります。だからこそ、生まれ変わった新しい自分を謳歌できるのです。

無限の可能性を拡げて、他人の人生から自分の人生を思いのままにつくっていくことができるようになるのです。

それが、あなたの魂が望むことです。

あなたらしい花が咲く新しい人生が待っている

生まれ変わった魂本来の自分になっていくと、違和感を感じるときがきます。それは、仕事や働き方、人間関係にでてきます。魂のゆがみを修復するということは、魂レベルが上がること。つまり、あなたの波動が上がるということです。そうなると、これまでの日常が、上がった波動に合わなくなるので、違和感を感じるようになるのです。

この違和感は、魂のメッセージでもあります。あなたの魂が「もうステージを上げるときだよ。もっと自分らしく生きるときだよ」と教えてくれているのです。

波動が上がると、人間関係の断捨離も必要になってきます。そして、受講生さんで一番多いのが、仕事への違和感です。本来の自分になっていくことで、もともと持っている無限の可能性が顔を出し始めるのです。魂のゆがみを修復する中で得た経験体験を活かして、今度は「自分が人を支援する仕事がしたい」「以前の自分と同じような人を軽くしてあげたい」と天命に沿った使命に目覚めだします。魂メソッドで変わった経験体験は、かけがえのない強みになります。会社員や主婦だった受講生さんたちは、スピリチュアルを使ったセラピストやコーチ、講師として活躍し始めます。

生まれ変わったあなたも、自分らしさある仕事で満足感や達成感を感じる人生が待っています。

透明感・魅力的・引き寄せられる波動

ライトボディ覚醒で根本から高波動体質にどんどん進化していくと、何もしない人よりも放つ波動エネルギーが綺麗になっていきます。それは、自分よりも先に周りが気づくほどです。そして実は、DNAレベルの若返りが起こります。あくまでもこれは、オプションです。やはり、本人の内面がどんな波動状態か？　で、すべてが決まるからです。

魂本来の自分に覚醒するということは、生まれたての赤ちゃんが持っている調和のとれたピュアなエネルギー状態になるということです。この透明感・魅力的・引き寄せられる波動に進化していくと、ジャッジメントがなくなっていきます。

瞳の奥からキラキラする光を感じる人、一緒にいて気持ちがよい透き通るような人、癒される人、なぜか引き寄せられてしまう人。そういう存在に自然となっていくのを楽しんでください。

【読者スペシャル特典】　実際の不要な意識の削除の2つの動画プレゼント！

1　最短最速の意味がわかった

2　本当のヒーラーの意味がわかった

第6章　豊かな本来の自分を顕現する

1　私たちは豊かな存在だと認識する

潜在意識に豊かさの概念を入れる

もともと私たちは、豊かな存在です。豊かな本来の自分を顕現することは、経済的な豊かさのためだけではなく、生活をあらゆる美と豊かさで満たすことです。

３つのエレメントで潜在意識がどんどん綺麗にクリアリングされ始めたところに、「豊穣の概念」を入れることで、豊かな自分が当たり前という潜在意識にします。

顕現の普遍的法則とは

この世界には、とても中立的な普遍的な法則が働いています。いうなれば、聖者も罪人も平等に従わなければならない法則です。私たちは誰であれ、宇宙エネルギーにアクセスして創造する能力を持っているのです。それが【顕現の普遍的法則】です。

しかし、そのエネルギーの源泉にアクセスして自分のために役立てるには、そのしくみと方法を知らなければなりません。

第一に、必要なのは正しい方法とエッセンスがあります。まずは、３つのエッセンスです。

《３つのエッセンス》

①しっかりした明確なヴィジョンを持つ
②自分自身を信頼する
③自分が願うことは何でも「実現する能力」を持っていると信頼している

豊かになる能力はすでに備わっている

夢を叶えている人をみてください。そのような人たちは自分が努力している分野のエキスパートになるために、必要な技術と知識を身につけることから始めます。自分の夢を実現するために、最大限の時間とエネルギーを費やします。他人からのマイナスのコメントには一切耳を貸さずに、同じような願望を抱いている人たちを周りに引きつけていきます。ヴィジョンを心の中にしっかりと植えつけ、毎日毎日、瞬間瞬間、そのヴィジョンを実現するのに必要なことを実行します。

それは、無意識で自分には願いを叶える能力をすでに持っているとわかっているからです。

2　豊穣を顕現させる能力を活性化する大前提を熟知する

宇宙と約束してきた生得の権利

豊穣は、生まれてくる前に宇宙と約束してきた、私たちの「生得の権利」であり、私たちは誰もがそれを顕現させる能力をもっています。しかし、その能力を活性化させるためには、３つの大前提があります。

①様々なブロックを取り去る

「豊穣を望む」と口では言いながらも、「(実のところ) 自分が豊かになるなんてあり得ない。奇跡でも起こらない限り、今の生活から見たらとても無理」と心の中であきらめてしまっている人がどれほど多いでしょうか。

固定概念、自分で自分をおとしめている幻想が、大きなブロックになっています。それによって、強く願ったことが一瞬にして取り消されてしまうのです。

②求めるより先にすでに与えられているものへの感謝

感謝が感謝を呼びます。今ここにある小さな感謝が、さらに大きな感謝に育っていきます。このように、『感謝が豊穣の種』なのです。

たとえ、どんな荒れ地に置かれても、感謝の水を注ぎ続けていれば、種は立派に豊穣の実を結びます。感謝は、荒れ地を緑野に変えていくほど大きなパワーがあります。

③望む状態を宇宙にオーダーする

その上で、モノではなく「自分が望む状態」を明確に描き、宇宙にオーダーしなければなりません。

このときによくやりがちなミスは、「お金・パートナー・成績／結果、評価…」などのものをオーダーすることです。これは望む状態ではありません。

望む状態とは、それらを得られたときの自分の感覚や気持ちなどの「内面の状態」のことです。

この部分を明確に描き、宇宙にオーダーすることです。

④実現する時期や方法は宇宙に委ねる

しかし、どのように実現するかはその時期も方法も含めて、宇宙（創造主）の最高最善に委ねることが必要です。

3　本当のパラダイムを思い出し、豊穣の概念を入れる

あなたの使命

私たちは新しく素晴らしいものを顕現するために、地球にやってきました。世界が提供してくれる、愛・美しさ・豊かさ・富のすべてを創造し、我がものであると宣言するとき、あなたは使命の１つを果たしています。あなたの使命とは想像（創造）し、楽しみ、皆と分かち合うことです。

豊かさはすでにあなたのものであり、自分のものにすればよいだけなのです。創造主の一局面であるあなた以外に、あなたの願望を満たしてくれる力は存在しません。

その力はすでにあなたの中にあり、常にあなたの中にあったのであり、これからも常にあなたの中にあり続けます。

あなたは宇宙に放つ電波塔

私たちはエネルギー体です。電磁波の磁場なのです。私たちは常に1つの周波数ないしは波動を送り出しています。その波動は宇宙に向けて放たれ、同じようなエネルギーと合体して、その同じ波動が増幅してあなたのところに戻ってきます。ですから、自分は豊かな富に値しないと信じている限り、尽きることのない豊かさがあなたに供給されることはありません。

宇宙の富は平等に流れてきます。自分自身の思いと願望と決意によって、宇宙エネルギーの流れを汲みとる方法を知っていきましょう。

本来の豊かな潜在意識にするためにも、確言という道具を使っていきます。

◇豊かさのための確言

確言とは、お願いというよりも、自分への宣言のようなものです。確言をあまり大事にしない人が多いですが、自分で自分の潜在意識にすり込むためのものです。自分で語り、自分で聞く言葉は非常に大きな影響力があります。私たちは使う言葉で現実をつくっていくことができます。

次の確言を朝晩2回、楽しみながら唱えて、「豊かな自分が当たり前」の潜在意識にしましょう。

【豊かさのための確言】

- 宇宙から供給されるものに限界はありません。美と豊かさのすべては、私の「神聖な生得の権利」です。
- 宇宙こそ、私の豊かさの供給源です。
- 私は、自然なあり方として豊かであることを受け入れます。
- 宇宙の豊かな富が私を通して今、流れています。
- 宇宙の豊かさが今、私を通して顕現することを許します。私の心、感情、肉体、かかわる事柄において顕現することをゆるします。
- 私は、豊かさを手の上に軽やかに持ち、自由に他の人たちへと流れていくことをゆるします。こうすることによって、すべてのよい事柄が終わることなく豊かに流れていくことを保証します。
- 私は、豊かさに値する人です。したがって、財政的な機会はすべて私に開かれています。
- あらゆる形の豊かさが、神に道かれた完璧な方法で、やすやすと私のところに流れてきます。
- 私は、私の豊かさのすべての源とチャネルを祝福します。
- 私は、宇宙の豊かさそのものです。
- 私は、限りなく豊かです。
- 私は、私が享受する豊かさに感謝します。
- 私は人生におけるすべての奇跡と豊かさに感謝します。

4　顕現の普遍的法則を使いこなす本質的な秘訣

どこに心の焦点を合わせるかで決まる

人生の中で既に持っている豊かさに、心の焦点を合わせてみてください。その豊かさに感謝し、いま持っているものを喜び、今の生活の中にある恵みに感謝することです。

自分自身の欠点や周りの人たちの欠点、この世界の欠点に意識を向けるのではなく、上手くいっていること、美しいもの、素晴らしいものに目を向けることです。

本当に大切な豊穣の種

本当に大切なことなので何度も言いますが、感謝することが大切です。小さな奇跡に感謝することです。小さな奇跡はずっとずっと大きな贈り物があなたのところへやって来る道を切り拓いているのですから。人生の上手くいっている部分に焦点を合わせていくと、そういうプラスのエネルギーをますます自分に引きつけるようになります。

宇宙の美しさのすべて、富のすべてを手にする価値が自分にはあるのだと思って行動してみてください。宇宙の豊かさは無限であり、それをすべて手に入れることがまるで可能であるかのように、実際にそうなるまで行動してみることで、豊かな自分を顕現することができます。

願いを一瞬にして相殺するあなたの思いの強さ

あなたの思いは、あなたが考えている以上に強い力を持っています。どんなに「こうなりたい」夢や願望や理想を懇願したとしても、あなたの心が「あぁだ、こうだ」と迷うことを許し、疑いの思いや、否定的な感情、恐れ、罪の意識を一瞬でも抱いたとしたら、あなたが懇願した思いの効果は相殺されてしまいます。

ある瞬間は、願い事は何でも叶うと信じていたかと思うと、次の瞬間には自分の能力を疑い、否定したり、恐れを抱いたりするのなら、顕現のエネルギーを汲みとることができなくなります。あなたの思い・イメージ力は、考えている以上にもの凄く強力なことを理解してください。宇宙の豊かさは無限であり、そのすべてを手にする価値が自分にはあるとして行動してください。

5　顕現の普遍的法則3ステップ

ステップ①

何を顕現したいのかを、非常に明確にしていきます。このとき、大前提にもあった「望む状態」を特に明確にします。

☆明確にしながら、損得勘定や依存執着などのエゴの自分ではなく、自分と周りが幸せになる純粋な魂の自分で、顕現したいものの強烈なエネルギーを感じ取れますか？

ステップ②

あなたの願望が、あなたのハイアーセルフの愛の意思と調和がとれたものであるかどうか、確信が持てるか、今一度チェックしていきます。

☆あなた自身のために、また、他の人のために最善であることを最優先できていますか？

ステップ③

あなたの直感による内なる声に耳を傾けます。ガイダンスに耳を傾け、奇跡を期待し道が示されたならば行動に移していきます。疑いの思いが出てきたり、エゴがあなたはそれに値しないと語りかけてきたり、後ろめたさを感じさせようとするといった、昔ながらのテープレコーダーが回り出したら、まずその気持ちを承認し、それから180度転換して、思いを目標に向け直してください。

☆あなたの夢や願望や理想が、どのように顕現されるかに関しては、宇宙に委ねることができますか？

6　根深い古いスピリチュアルの考えを除去する

新時代で豊かさを顕現するために不要な意識を除去する

日本人は我慢や謙虚さを、「美徳」の1つという教育を受けてきました。それによって、受け取り拒否の精神が、無意識に育ってしまっています。このような教条は、時代遅れの古い考えです。

もう時代は変わりました。新時代を生きる私たちにとって、人生で苦痛、苦しみ、不足、欠乏を顕現する代わりに、美、愛、喜び、調和、豊かさを顕現するために、意識の最も深いレベルで克服し除去しなければならない根深い考え方があります。

・他の人と自分に対する奉仕にはバランスが必要

他の人に対する奉仕はよいことであり正しいことで、自分自身に対する奉仕は悪いことと考えて、自分を優先することに罪悪感を感じてしまう人がいます。この考えを超越し変えることです。自分自身に対する奉仕と他の人たちに対する奉仕を同じものとして見なして、バランスを保つ必要があります。

昔の殉教と自己犠牲の時代は終わりました。大切な自分をきちんと尊重すると決めて、自分にとって最善のあり方を実現することによって、ポジティブで喜びがいっぱいの成功者として他者へのお手本になる、今はそういう時代です。

・すべてに関してエネルギーの交換があるのが宇宙の法則

すべての事柄に関して「エネルギーの交換」がなされるのが、宇宙の法則です。

「スピリチュアルなことであるなら、無料で提供されるべきだ」という言葉をよく言われてきました。他の人たちにとって価値のあることを学び、どれほどの努力を払ったとしても、それは他の人に無料で分配されるべきだと、無意識で感じている人たちもいます。それは宇宙の法則からズレる考えです。

また、自分で仕事をしている人なら、自分が行っている仕事を大切に思わなければ、その思いのエネルギーが派生し、その仕事が他の人たちに対して持つ価値を減殺することになります。多くの場合、まったく価値のないものとして扱われることになってしまいます。

お金は1つの象徴であり（交換するための手段）、あるものないしは、あることのために費やされた時間とエネルギーを表しているのですから、自分が提供する価値に誇りを持って、エネルギーの交換をすることで、宇宙の法則も発動します。

無料のワナ

お金であれ、物であれ、何らかのエネルギーの交換がなければならないのは、存在価値をないものにしてしまうからです。無料のものとは「無」、ないしは「ないもの」です。ないものとは存在しないもののことです。

そういうことがあり、高次元の世界ではいかなるものと言えども、無料で与えられることは決してないと言います。なぜなら、そうすればそのものを「ないもの」のレベルにおとしめることになり、その結果、そのものを現在の形で存在する権利を破壊してしまうからです。

自分が与えるすべての事柄に価値を置く

他の人たちが自分を尊重し尊敬するようになるためには、自分が「創造して」他の人たちと分かち合う事柄に、自分自身が先に価値を置くことです。そうしなければ、自分が創造することには何の価値もないと、他の人たちは「無意識」で感じ始めます。

いかなるものでも、他の人に大切であると思われ価値があると認めてもらうためには、まず自分自身が与える事柄を大切である、と思わなければなりません。

【重要】精神性に反する無意識の強烈なブロック

もしあなたが豊かさを願い行動しているにも関わらず顕現できないのなら、精神性に反するブロックが働いている可能性が高いです。このことは、精神性や神聖さを大切だと思っている人ほど、輪をかけて気づきにくいものです。

大切に思うが故に「お金を受け取ってはいけない」という、無意識にある強烈なブロックです。建前の思考では「欲しい」、しかし、本音の深層心理では「受け取りたくない」と全力で拒否しているのです。

すると、宇宙も協力してそのような人たちから、お金の豊かさを断ち切ります。すべてのものには価値があります。それに対して何らかの形で払う必要があります。

そして、この宇宙は「その人が値すると信じているものしか、与えることはできない」という法則によって循環しているのです。

7　あらゆる豊かさは天命に沿った歓び溢れる人生を楽しむ潤滑油

あなたの魂が求めている人生

この世界も私たちも、すべてがスピリチュアルです。そして、魂が求めているのは物質的な物ではなく、「自分という存在のあり方」なのです。あなたの魂が求めているのは愛であり、癒しと成長であり、喜びであり、心のやすらぎの中で優雅にやすやすと心が望むままにつくっていける、天命に沿った魂本来の人生です。そのためにあるのが、豊かさという潤滑油です。

豊かさはあくまでも道具（ツール）と明記する

潤滑油である豊かさを顕現するための土台が、あなたが放つ波動という電波なのです。現状に不平不満を抱いているときは、どうしても「不足感」の波動を放ってしまいがちになります。それでは、豊かさの顕現の法則が働かなくなってしまいます。

豊かさはあくまでも「潤滑油」であり、「道具（ツール）」だと言うことを、忘れないように心に深く刻んでください。豊かさを顕現するのは、あなた自身が発する心のあり方の波動と行動です。

『ハイアーセルフの愛の意思と一致した願望かどうか？』
『不足感や怖れではなく、愛ベースのあり方で純粋に望んでいるか？』
『叶ったときの自分の状態をありありと感じられているか？』
『叶ったとき、大切な人や周りの人の幸せを感じられているか？』
『叶った未来の自分の状態で行動できているか？』

わかると思いますが、これらすべて、どんな波動を放っているかがポイントということです。行動もどんな心のあり方でするのか？　が重要なのです。この部分は、魂のゆがみを修復する、３つのエレメントの1つ「宇宙の叡知」で魂本来の自分のあり方になれます。

ぜひ、あなた自身に『豊かさを受け取ってよい』と許可を出してあげてください。
『豊かになっていいんだよ』と、自分をゆるしてあげてください。

あなたはこれまで、たくさん頑張ってきました。
頑張ってきた数え切れない魂の欠片たちも、受け取り拒否してきた魂の欠片も、『もう大丈夫だよ』と、ゆるし受け入れてあげてください。

もう力を抜いて、あとは、願った豊かさは手に入るものだとして、顕現するための行動にエネルギーを注いでいくだけです。行動する前から、もう叶った未来が待っているとしたら、ワクワクしませんか？　この感覚の状態で楽しめるあなたになって、人生を謳歌していきましょうね。

第7章

3つのエレメントを手に入れることで得られる未来

1　ケース1：何をやっても変われない、他で断られた主婦が魂から変わった理由

◇30代　主婦／会社員　安達香織さん（仮）

今まで生きづらさを感じていたものの、気づかないふりをして自分の気持ちに蓋をしていました。

その中で、自分自身と周りに違和感を感じるようになり、どうしても変わりたいと強く願っていました。

そのときは、悲しくて悲しくてでも自分を変えようと試行錯誤しても変わらず、他で断られたこともありました。会社にも居づらくなり、行き場がない状態でこころが締め付けられているような状態でした。思いばかりが強く、その反動で家族からは「鬼」などと言われる日々。笑顔さえ忘れてしまっていました。

そんなときに有馬先生を見つけました。インスタで見ても、違う人を見てもまた戻って見返してしまうような、惹きつけられるような感覚を持ちました。「ゆがんだ魂を修復できる」内容を見て、わたしにはここしかないと思い、内面から変われると確信しました。

参加した直後からすぐに周りも変わり、本講座の開始1、2か月から心の声も聞こえるようになり、嫌なこともほとんど起こらなくなりました。4、5か月目になると毎日が幸せで、家族も毎日

楽しいといってくれるようになり、周りの環境や人間関係、出会う人や情報の質までもが変わり、毎日が夢のように過ごせるようになりました。そして、夫の「幸せだね」と言った言葉で『魂から私は変わった！』と確信しました。

私がこんなにも変われたのは、とにかくいつでも味方でいてくれて、サポート力が素晴らしく、テキストの量と質の充実さ、有馬先生の人柄もあり信頼できたことです。そして、優しさだけでなく、自立するようなサポートで根っこから変えられたからです。何より安心感が一番あり、毎回楽しみで、私はこんなにも癒されたことはありませんでした。

もし、魂のゆがみを修復していなかったら、きっと毎日怒りに狂い、暴言を吐き、家族からも嫌われ、どこへ行っても愚痴の言い合い。顔つきはますます悪くなり、お金はストレス発散のために使い、稼いでも稼いでも循環が悪く、いつも満たされない日々になっていたと思います。考えるだけで恐ろしいです。

今は、過去の私と同じような人を軽くしてあげたい思いから、会社員を辞めて、有馬先生のもとでセッション技術やセールス集客を学び、魂から変わった経験を活かせるスピリチュアルコーチとして仕事をはじめました。

この、魂のゆがみ修復は「愛」でしかありません。「生きづらさを感じている方、どうしても変わりたいのに変われない方、本来の自分を取り戻したい方、モヤモヤから解消されたい方、幸せな人生を送りたい方」に少しでも当てはまるのなら、次はあなたが生まれ変わる番です。

魂のゆがみ修復は、他にはない素晴らしいものなので、出会った今が変わるタイミングだと思います。

2　ケース2：自分迷子のセラピストが自信を持って行動し天命を叶えた方法

◇50代　セラピスト　大河内智美さん（仮）

普段はインナーチャイルドの癒しのセラピストとして活動しています。癒されて統合していくはずが、戻ってしまっている感じがして、セラピストとして活動してよいのか？　と悩んでいる時に、千歳先生と出会いました。

戻っている感じがしているのは、気のせいなのか、気のせいでなければ、なぜ、戻ってしまうのか真実を知りたい。でも、「どこで誰に教えてもらえばよいのだろう？」という困惑した感じでいました。このままでは、魂の望みを叶えられないという、悲しさがありました。

その状態で出会った魂メソッドは、ふわふわのスピリチュアルではなく、真のスピリチュアルだと思ったことと、私が知りたかった内容が満載でした。実際に受講すると内容が深く、ここまできっちりとプログラムされていることに驚きましたが、そのおかげで最後の統合が進み、行動する恐怖が一瞬にして消えると同時に、長年あった胸のズキズキとした痛みがなくなり、今はセラピストとして自信を持って活動しています。霧の中を抜けて遠くまで見渡せる状況、悩み迷うことはない状態です。

具体的には、チャクラを1つひとつ浄化し活性化していくワークをしたことがきっかけです。そのワークを通して、魂の欠片／分身を見つけられたこと。自分の人生を生きていると思っていても、他人の人生を生きていたということに気づけ、自分の人生を生きると決めることができたことです。本当に上っ面でなく、常に高波動の中で受講できる深い内容は、受講前と受講後では、必ず変容し、ステージアップしています。

いつも同じようなところ、問題で躓いたり、生きづらいと感じている人、自分の思うとおりの人生を歩みたい人、エネルギーに敏感な人は、魂メソッドを受けられてみてください。真のスピリチュアル学び、エネルギーを整えて、「ご自分の人生を最幸にしたい」と思っている方には、ピッタリのメソッドです。

この魂メソッドに惹かれたご自分の直感を大切にしてください。

3　ケース3：子ども家族に与えていた悪影響を克服し講師になった主婦

◇30代　主婦　堀口啓子さん（仮）

千歳先生に出会うまで、解決の方法がわからず、いろんな情報を集めて、参考にしていました。

子供の成長や、家族のサポートをしていく中で、自分のあり方の解決が最重要事項になっていました。今すぐにでも、変わりたい。最速で、最高の方法があるのならば、すぐに取り組みたい。そして、自分と家族、周りの人の人生を変えていきたい、という気持ちで日々過ごしていました。

魂のゆがみを知り、すべてが整い、私の持っている問題・カルマを見ることができる。そして、今、解決したい問題が、これですべて解決できて、軽くなれると思えました。私が変わることで、家族や周りの人も大きく変化するということを、叶えられると感じました。

このメソッドは、自分で気づく力を養えるので、始めには絶対に戻らないです。なおかつ、現実が明らかに変化します。気づく力を養えたことで、自分を信頼できるようになりました。自分自身の力を養えるような内容の講座は、他にはあまりないと思います。

魂メソッドを進めていくと、1人では向き合えなかったこれまでの人生の問題1つひとつについて、丁寧に向き合うことができました。カルマと言う言葉も曖昧にしかわからなかった私が、自然と身を持って学びを得て、知恵を得ました。基本的で一番大切な「ありがとう」「ごめんなさい」を、一番大切な人へ、しっかりと目を合わせて言えるようになったことで、家族の問題がスルスルと解け、気づけば、家族みんなが笑顔で、愛し合い、幸せな空気に満たされています。家族であっても、個人の違いを尊重し、認め合い、許しあい、助け合う。そこには、絆・愛がより深くあります。

あのとき魂メソッドに出会っていなかったら、自暴自棄になり自分を責めることを続けて、おそらくメンタルクリニックに通い、薬に頼っていたかもしれません。または、さらにさまざまな人間関係に支障をきたし、外に出ていくことができなくなって、私、そして関わる人たちの笑顔がなくなっていたと思います。

　魂メソッドは「人生の必須科目」です。

　現在は、私自身がこれほど変わったメソッドを伝えないのは罪だと感じ、講師としてご縁ある方に伝える仕事をはじめました。

　精神性が高く、向上心も高い。人一倍優しく、人に尽くすタイプの方で、実は心の中では疲弊している方、真面目で原因はすべて自分にあると考えている、現実をすぐに変えたい、人生をやり直したいと真剣に考えている方は、魂メソッドを強くおすすめします。

4　ケース４：変われない自分が嫌な状態から悩みが全部解消し別次元の日常をスタート！

◇30代　会社員／事務員　岡安エマさん（仮）

　自身の現状に悩んでいました。いつも、感情に流されて、とにかく、自分攻めと家族や周りの人への感情をぶつけることが止まりませんでした。その事に自己嫌悪するばかりでした。家庭環境、人間関係、子供の問題に悩み、普通の人と同じように過ごせない自分が嫌いでした。変わりたいけど変われない自分にもどかしさを感じて、変わりたいのにできない自分が嫌で、常にネガティブでした。現状を変えたかった。現実世界のやり方や方法にとらわれすぎていて、原因を根本から変えていきたいと思って参加しました。

今まで、何にでも不満を持って、感謝がなかったです。今では、少しのことでも感謝を感じられるようになり、悩みがぜんぶ解消されました。人間関係が落ち着いて、これまでと全然違う日常をスタートできています。自己を認め、受け入れ、癒し、統合する、時には、調整できるようになりました。また、魂の呼吸法がホントによいと感じています。子宮筋腫があり、ずっと生理後の痛みを2週間くらい耐えていて、必死に我慢してきました。鎮痛剤を飲み、漢方もピルもよもぎ蒸しもしました。でも、魂の呼吸法をしっかりしだして、痛みがなくなりました。子宮筋腫はなくなってはいませんが、考えてみたら10年以上続いていた痛みが消えたのは本当にびっくりでした。

こんなにも変われたのは、今まで知らないでいたことを学べる情報の豊富さと、有馬先生のサイキックもすごいと思いますが、有馬先生から高い視座での回答を得られて、同じ視座では解決できないことが変化できるようサポートいただけたからです。

魂統合では、小学生の時こうして欲しかった事を疑似体験しているような感覚で、ワーっと胸から込み上げて温かくなり、涙が出ました。ずっと同じ体験で嫌な気持ちにフォーカスして、前に進めなかったので、その先の感情と体験ができて本当に嬉しかったです！

あのとき受けると決めていなかったら、私自身が人としてだめだと認識してしまい、ネガティブのみを見て辛い生き方を続けていたと思います。自身を責め続けて、更に追い込むような現実が待っていたと思います。新しいことにもチャレンジしてなかったかもしれません。

自分を責めすぎてしまう方、なんでモヤモヤしているのかわからない方、スピリチュアル経験なくても興味がある方、自分に自信が無い方、他の人と違うと感じて自己嫌悪になる方には、とてもおすすめします。「変わりたい」という気持ちがあるなら、挑戦すべきかと思います。一生のうちのほんの少しの時間ですが、こんなにも自分自身への問いかけや労い、向き合える時間はそうそうないと思います。向き合った分だけ自分を認められる、受け入れられるようになると思います。

この講座の魂メソッドは、自分で自分を癒せることができるメソッドです。自己を認め、受け入れ、癒し、統合する、時には、調整することができるようになる。たぶん他の講座でも、単体でのセッションやヒーリングや自己啓発などあるかもしれませんが、自分で自分のことをできるようになる講座は、他にはないかもしれません。

5　ケース5：繰り返す嫌な自分をどうにか変えたかった。小学校で皆が学ぶべき講座

◇20代　自営業　川久保ゆき奈さん（仮）

スピリチュアルに出会い、自分の心と向き合い続けた結果、それ以前の自分と比べてかなり変われている実感はあったのですが、それでも繰り返してしまう嫌な自分（抑えられない怒り）をどう

にか変えたかったので参加いたしました。そのときは、また1つ成長できるという確信があり、ワクワクしていましたが、半分ドキドキしていました。

実際に受けてから、ネガティブだと思われる出来事が起きても、「悪いこと」と捉えなくなりました。同時に、そのときの自分の心を見つめられるようになりました。ネガティブになってしまう自分や、ネガティブな反応をしてしまった自分を責めずに、よしよしできるようになり、それで終わりではなく「本当はどうしてほしかった？」などと自分に問いかけ、自分の魂の欠片を探すクセができました。日々、学んだことを意識して過ごしているだけで、元に戻ることなく自然に変容できていきました。私にとって天地がひっくり返るほどの学びだったのは、有馬先生から「おねしょ＝悪」と捉えていた自分に気づかされたことでした。それ以降、子どもに対して、以前に比べ明らかに心穏やかに処理できています。

受けていなかったら、目の前のネガティブな出来事に対していちいち反応したり、反応した自分に対して「またやってしまった…」と自己嫌悪に陥る状態を繰り返していたと思います。考えただけで疲れます。もうあの頃には戻りたくないですが、戻ろうとしても戻れないと感じます。

長年繰り返してしまう悩みを持った方、その原因を知りたい方、自分責めが当たり前になっている方は、ぜひチャレンジしてみてください。受けると決めた時点で、自分が変わり始めると思います。「小学校でみんなが学ぶべき講座！」と言えるほど大事で、苦しむ前に早くからみんなに知ってほしいです。

おわりに

ここまで読んでくださり、ありがとうございます。

10歳で魂の傷の影響を受け笑うことを辞めてから、約30年間、人生を実験台にして自分自身を探す旅をしてきました。

人の評価と周りの目ばかりを気にして、たくさんの制限思考の中で過ごす生き方をしてきました。ブロックの塊の中、自分の考えや意見を持つことを知らずに、「超繊細」「自分ナシ」の状態から対人恐怖症を経験しました。高校に上がり、自由に自分を表現する同級生と、周りを気にし過ぎる自分との違いに「同じ人間なのにどうしてこんなに違うのか？」と衝撃を受け、自分に違和感と疑問を持ったのがはじまりです。

「思考・感情・精神（魂）・身体はどういう関係があり、私はなぜここに存在するのか？」

不思議に思いはじめ、自己探求・心の学び・そして魂の成長を無意識でする毎日に変わりました。低い自己肯定感やセルフイメージによる、生きづらさ問題を解消して自分らしく生きようと、ヒーリング、潜在意識の書き換え、インナーチャイルドセラピー、ヒプノセラピー、内観／内省、脳科学心理学、人生哲学。宇宙の法則… できる限りのあらゆることを学び実践してきました。しかし、

「少しよくなっては元の状態に戻ってしまい、結局変わらない」を繰り返し続け、生きている意味がわからなくなり、自害未遂をするほどつらい思いを味わいました。

「どうやったら自分らしく生きられるのか？」

「なぜ元の状態に戻ってしまうことを繰り返すのか？」

この答えだけを求めていました。その後、出産して新しい生活を始めますが、深い魂の傷の影響で『我が子に触れると全身に悪寒が走る』症状に、私も子どもも苦しみ、心身ともに疲弊し、産後うつ・育児ノイローゼになりました。このとき、「こんなにもトラウマが人生に影響するのか！」と、さらに大きな衝撃を受けることになりました。

心の葛藤が限界を迎え、頼れる人もおらず、精魂尽きて、まだ幼い子どもがいながらも2度目の自害未遂。やはり、幼い子どもをおいて死にきれなかったのです。涙でグチャグチャになりながら、すべての思いを宇宙に投げかけた直後、創造主（アメノミナカヌシ）のもとに辿り着きました。創造主がつくり出す空間は、世界中の神さま、女神、仏さま、大天使たちが集まる空間でした。純粋な本質スピリチュアルと出会ったことで意識が覚醒しました。

そこから、これまでの学びを掛け合わせて実践していた中で起こった『魂の統合』で、深い魂の傷が癒され生きづらさ問題が一気に解消したのです。

その瞬間に「これが使命だ」と直感でわかりました。

自分の中と現実の差からくる大葛藤を経て、元に戻らない本来の自分になる経験をしてきたからこそ、私と同じようにトラウマや魂（心）の傷などで、自分を生きたくても生きられない人、苦しい思いをしている人たちを少しでも軽くする。本来の自分を楽しむ生き方を手に入れるサポートをするのが、私の魂が今世で選んで来たことなのだ、と。

魂メソッドを実践して、新しい自分を手に入れている人の共通点は、「変わる！」と意思決定していることです。もちろん、不安がまったくないわけではありません。皆さん最初は、不安を小脇に抱えつつも、0・5歩踏み出すことをしています。踏み出したあとは、理想に向けて波動軽く楽しみながら行動し続けられるからこそ、生まれ変わった新しい自分を手に入れることができているのです。

「でも、しかし、だって、私なんか、どうせ、○○だから…」などの、上手くいくものも上手くいかなくなる、呪いの言葉を使う過去の自分とは、今回を機に卒業しましょう。『本来の自分になる！』と、自分に宣言し足を踏み出せば、その強いエネルギーを組み取って、ハイアーセルフたちの高次元のチームが一斉に動き出します。本来の自分になるために必要な奇跡が起こり出します。これは実際に、受講生さんたち全員に起こっていることであり、私自身もそうで、今もなお起こり続けていることです。

あなたが本書を手に取っているのは、魂が共鳴して、導かれているからかもしれません。それは、この宇宙はすべてがベストなタイミングで起こる、というのと、あなたの魂も宇宙もハイアーセルフも、あなたが本来の自分を取り戻せるようにサポートとチャンスを準備しているからです。ただ、チャンスというのは、何度もやってこないものです。自分の直感を大切にして、チャンスを掴み逃さないことです。

私の願いは、1人ひとりの心の中の争いがなくなり、世界中のあらゆる争いもなくなっていくことです。私はこの魂メソッドで、これまで身にまとった、たくさんの殻を取り払って周りや感情に振り回されない自分に戻り、たくさんの可能性を持った本来の自由な姿で、前に進みながら、心・美・経済、あらゆる豊かさを手に入れていただきたいと願っています。

我慢と辛抱の「しんどい生き方」の自分から、「軽やかで純粋な喜びと幸せの中で生きる」新しい本来の自分になりたいと願っているから、あなたは今、本書を読んでいるのだと思います。これまで私は、暗く長いトンネルが続いて、出口が見えなくなり諦めようとする、もう1人の自分が出てくるときもありました。それでも今の私がいるのは、どうしたらいいのかわからない中でも、何かしら前に進む「光」を見つけたら、やってみることにエネルギーを注いできたからです。懸命に生きている人を、宇宙は決して見捨てません。なので、元に戻らない本来の自分に生まれ変わりたいなら、あなたも今回見つけた「光」を、やっていただきたいのです。

ただ、その時は1人でやろうとしないでください。これまでずっと1人で頑張ってきたのなら、もう1人で頑張らないでください。独学は一番、時間と労力エネルギーを浪費して、遠回りします。

これ以上、遠回りしないためにも、すでに経験している人や信頼できるプロの人から学びサポートしてもらってください。

あなたは、あるがままで愛される存在なのです。

あなた自身もあなたの人生も、高次元のチームに守られています。あなたが本来の自分を見つけ、宇宙と共鳴する美しい旅が続くことを願っています。ぜひ、魂のゆがみを修復する魂メソッドで、身軽でよりあなたらしい人生を楽しみ、幸せと豊かさを循環して頂けたら嬉しいです。

仮にこの先、あなたとご縁があり、出会えたときは「本を読みました」と伝えてください。とっておきのサプライズプレゼントを、あなただけにコッソリお渡しします。

あなたと出会えるその日を、楽しみにしています。

今回、初めての出版でお世話になりました、多くの先生・先輩・仲間・生徒たちに心より感謝いたします。執筆するにあたり、根本的な力となった創造主（アメノミナカヌシ）に集う、世界中の名だたる高次元の聖なる存在たち（神さま、女神、仏さま、大天使、アセンデッドマスター等）、その中でも熾天使ミカエルと大天使ミカエルの多大なる協力に感謝いたします。そして、無条件で見守り協力してくれた、息子と両親に感謝しきれないほどの思いで胸がいっぱいです。本当にありがとうございました。

1人でも多くの必要な方のもとに、届きますように。そして、その人にとって最高最善の幸せと愛が循環されますように。
～祝福と感謝、お互いの尊敬を込めて～

有馬　千歳

最後まで読んでくれたあなたへ、有馬からサプライズプレゼント
読者専用ライン登録プレゼント
（人生を10倍加速するスピリチュアル基本バイブル）

【参考文献】
『書く瞑想 1日15分、紙に書き出すと頭と心が整理される』古川 武士著（ダイヤモンド社出版）
『運命の脚本を書く』ロナ・ハーマン著（太陽出版）

著者略歴

有馬　千歳　(ありま　ちとせ)

茨城県出身　1975 年生まれ

10 歳のときに魂の傷をつくり「笑う」ことを辞める。人の評価や周りの目ばかり気にし、ブロックの塊の中で過ごす。「超繊細」「自分ナシ」の状態から対人恐怖症になる。周りと違う自分に違和感を持ち始め、生きづらさ問題を解消して、自分を生きようとヒーリング、潜在意識の書き換え、インナーチャイルド、ヒプノセラピー、内省、脳科学心理学、人生哲学、宇宙の法則などできる限りのことを学び実践するが、よくなっては元に戻ることを繰り返し続ける。出産後、" 我が子に触れると悪寒が走る " 症状に、トラウマがこんなにも影響することに大きな衝撃を受ける。２度の自害未遂を得て、創造主のもとに繋がり純粋な本質スピリチュアルと出会い学ぶ。その中で「真の統合」を経験し、33 年間未解決の生きづらさが一気に解消され笑顔を取り戻す。魂のゆがみを修復する「魂メソッド」を確立し、実践した 100%が変容。延べ 1 万人以上を人生好転。心、エネルギー、思考すべてのバランスを整える講座に定評があり、何をやっても変われなかった人も「魂から私は変わった！本物です」「自分迷子を卒業できました」「人生が大きく変わりました」と受講生から好評を得ている。受講生は、北海道から沖縄まで全国に渡り、現役セラピスト・コーチ・ヒーラーやスピリチュアルの神髄を求める人に渡る。不要な意識を瞬間削除するサイキックセッションで、癒しと成長を提供している。スピリチュアルを言語化して『形』にすることを得意とし、独立起業で自立を叶えるサポートも好評を得ている。

エネルギーヒーリング歴 23 年。波動・意識・魂覚醒で人生を変えるサイキック浄化師。

魂メソッド創始者。スピリチュアル魂起業コンサルタント。

魂のゆがみを整え「本来の自分」に！

～天命に沿う自分の人生を生きる３つのエレメント～

2024年 3 月27日　初版発行

著　者　有馬　千歳　© Chitose Arima

発行人　森　　忠順

発行所　株式会社 セルバ出版
〒 113-0034
東京都文京区湯島 1 丁目 12 番 6 号 高関ビル 5 B
☎ 03（5812）1178　　FAX 03（5812）1188
https://seluba.co.jp/

発　売　株式会社 三省堂書店／創英社
〒 101-0051
東京都千代田区神田神保町 1 丁目 1 番地
☎ 03（3291）2295　　FAX 03（3292）7687

印刷・製本　株式会社 丸井工文社

Printed in JAPAN

ISBN978-4-86367-879-8